用女人的方式轰轰烈烈

关于梦想、活法和幸福

黄伟芳◎编著

廣東旅游出版社
GUANGDONG TRAVEL & TOURISM PRESS
悦读书·悦旅行·悦享人生

中国·广州

图书在版编目（CIP）数据

用女人的方式轰轰烈烈：关于梦想、活法和幸福 / 黄伟芳编著 .—广州：广东旅游出版社，2015.9
ISBN 978-7-80766-785-8

Ⅰ.①用… Ⅱ.①黄… Ⅲ.①张茵－传记 Ⅳ.①K825.38

中国版本图书馆CIP数据核字（2015）第101314号

用女人的方式轰轰烈烈
Yong Nüren de Fangshi Honghonglielie

广东旅游出版社出版发行
广州市天河区五山路483号华南农业大学（公共管理学院）14号楼三楼 邮编：510642
印刷：三河市华业印务有限公司
（地址：河北省廊坊市三河市杨庄镇小王庄）
广东旅游出版社图书网
www.tourpress.cn

邮购地址：广州市天河区五山路483号华南农业大学（公共管理学院）14号楼三楼
联系电话：020-87347994　邮编：510642
787毫米×1092毫米　　16开　　12印张　　160千字
2015年9月第1版第1次印刷
定价：36.00元

［版权所有　侵权必究］

本书如有错页倒装等质量问题，请直接与印刷厂联系换书。

CONTENTS 目 录

前言

第一章　逆境中绽放的铿锵玫瑰

熠熠生辉的"女首富"光环背后，隐藏着许许多多不为人知的艰辛与困苦。贫寒的家境，磨炼了张茵的性格；创业中的选择与放弃，使她迅速成长。当她怀揣着3万元走上创业道路的时候，这朵铿锵玫瑰，终于在逆境中绽放。

童年种下的财富基因　/3
下海淘金，告别深圳梦　/8
创业第一站的磨砺　/12

第二章　点纸成金，缔造纸业王国

她点纸成金，将废纸变为财富；她在最古老的造纸行业中拼搏、奋斗，打造自己的纸业王国；她用自己的经历向人们证明：从一无所有到中国首富并不是遥不可及的梦想。

勇敢打破"潜规则"　/19
决策者的眼光　/22
寻梦美国，二次创业　/24
根在中国　/28

第三章　上市，打开财富之门

　　谁也没有想到，玖龙纸业竟然成为股票市场里杀出来的一匹黑马，其强劲表现以及蕴涵的巨大发展潜力，使得投资者们争先恐后加入购买行列。正当张茵带领玖龙飞速发展之时，百年一遇的金融危机猛烈袭来，造纸业也走到了行业转型的紧要关口，在重重威胁之下，张茵能否带领玖龙纸业渡过难关？

高速扩张，扩大版图　/33
香港上市，股市风云再起　/36
最牛中介打造资本神话　/41
金融危机中逆市而上　/45
纸业转型期的危与机　/51

第四章　横空出世的中国女首富

　　2006年，张茵以270亿的身价击败众多实力强劲的男性对手，成为胡润百富榜上第一位女首富。在一贯由男性主导的财富世界里，张茵的成功，为女性赢得了一席之地，颠覆了中国传统的财富格局。

与胡润的交锋　/57
"纸"里包不住富　/62
在最传统行业寻找"蓝海"　/65
引领财富"她时代"　/68

第五章　笑看"门"里春秋

　　2008年对于张茵来说，是一个多事之秋。"三重门"接踵而至，将张茵推向了一个令人难堪的道德审判台：她究竟是一个心系中国未来、关注社会发展的爱国商人，还是一位道貌岸然、无情榨取劳动者利益的黑心老板？

遭遇"提案门" /75

"血汗工厂"风波 /80

走出"破产门"激流 /89

第六章 经营法则：化繁为简，简单就是力量

在别人眼中，天时、地利、人和造就了张茵今日的辉煌，甚至连张茵自己在总结成功原因的时候，也归结为"运气好"。然而，任何成功都不是偶然的。从张茵的经营风格我们可以看出，她对市场空白点的掌握、对行业成长性的准确预测，等等，都不是只用"运气好"三个字就可以概括的。张茵始终坚持的经营法则和经营理念，才是其无法被别人复制的成功精髓。

归核：挖掘玖龙核心价值 /95

制胜方略：规模为王 /98

市场战略：顺势而变 /102

产业链创新：林浆纸一体化 /105

环保理念：废纸就是森林 /111

第七章 成功之道：有原则地去赢

有原则地去赢，是张茵自始至终坚持的理念。无论是在巨大的市场诱惑面前，还是在信誉为重和经济损失之间抉择时，她都如磐石一般坚守着这一原则。要赢，就有原则地去赢，"企业家的身上应该流着道德的血液"——张茵，一直践行着这一点。

专注为成功奠基 /123

信誉比黄金更宝贵　/129
以社会责任为己任　/135

第八章　管理哲学：柔性回归

　　作为一个女性企业家，张茵的管理之道更偏重柔性化，这与那些以强硬著称的男性企业家形成了鲜明对比。当女性的柔性特质与企业管理有机而巧妙地结合在一起时，它所产生的力量无疑是令人惊叹的。

大家庭，大公司　/143
沟通创造价值　/148
企业与员工共同成长　/152

第九章　生活艺术：平衡之美

　　在事业上，张茵创造了财富神话；在家庭生活中，她也依然游刃有余。她不仅性格坚韧、做事专注执著，更善于把握平衡的艺术，这不仅是她事业成功到达彼岸的基础，也是她拥有幸福家庭的一大秘密。

女首富背后的男人　/161
"夫妻档"的力量　/165
教育好孩子胜过身价千万　/169

后记

附录：张茵创业编年表

参考书目

PREFACE 前言

作为中国古代"四大发明"之一的造纸术，历经几千年的演变与发展，依然富有鲜活的生命力，为一代又一代的中国人创造着无尽的财富。正是这最古老的行业，成就了中国女首富——张茵的财富神话。

张茵的人生经历能够为所有渴望财富与成功的人带来思考与启迪——

她曾经一无所有，白手起家，怀揣3万元闯荡香港，历经千难万险，实现了事业的起步；

她远赴美国二次创业，到异国他乡"收破烂"，从废纸中淘金，再铸一番辉煌；

她不满足于现状，抓住国内造纸业的空白，凭借着过人的眼光与对这一行业的热爱，实现了从废纸大王到造纸行业龙头老大的华丽转身。

2006年，张茵以270亿的身价击败众多男性对手，登顶胡润百富榜，成为该榜历史上第一位女首富，打破了历来以男性为主导的财富格局。270亿这一数字，在2010年10月出炉的胡润女富豪榜中，被刷新到了380亿。

张茵不仅成功抵达了财富巅峰，而且在婚姻与家庭中也取得了成功，她的传奇故事激励着所有追求成功与梦想的女性——

她有一位情深意笃、与她共同打拼事业、愿意把所有光环都给予她的丈夫；

她有两个懂事又聪明的儿子；

她和自己的家人一起共同打造了一个温暖的家，她的人生实现了完美的平衡。

成功为何如此青睐于她？她的人生何以如此美丽？在她成功的背后，隐藏着什么样的秘诀？为何她能够引领女性走进财富"她时代"？

本书将真实展示张茵创富的全过程，解码这位中国女首富的美丽人生——一切问题的答案，尽在此书中。

第一章
逆境中绽放的铿锵玫瑰

　　熠熠生辉的"女首富"光环背后,隐藏着许许多多不为人知的艰辛与困苦。贫寒的家境,磨炼了张茵的性格;创业中的选择与放弃,使她迅速成长。当她怀揣着3万元走上创业道路的时候,这朵铿锵玫瑰,终于在逆境中绽放。

童年种下的财富基因

2006年,张茵登上胡润百富榜首富宝座,自此之后,"女首富"就成了张茵的代名词,如影随形地伴随着她。她是如何凭借自己的努力实现了从一无所有到身家百亿的飞跃、创造出如此巨大的财富,也成了萦绕在人们心中的谜团,等待人们破解。

其实,对于张茵来说,"女首富"光环背后,隐藏着许许多多鲜为人知的艰辛与困苦。然而,不经历磨难,怎么能成就辉煌?沿着张茵的创业轨迹,探寻其成功背后的故事,我们就能清楚地了解这位女首富的成功之路。

要追根溯源,还要从张茵的童年开始说起。

父母的言传身教

上个世纪50年代末期,广东东莞还是一个四季瓜果飘香的农业县,这里山清水秀、绿树成荫,自然景色十分怡人。在这个美丽的小城中,一个婴孩呱呱坠地,她就是张茵。张茵虽然出生于广东东莞,祖籍却是黑龙江,在她的血液里,同时流淌着东北人的豁达豪爽和广东人的精明干练。这两种特质的交融,使她既具有勇敢无畏的闯劲儿与拼劲儿,又拥有与生俱来的商业天赋与堪称一流的生意头脑,这些,也许就是她后来取得成功与辉煌的基础。

张茵出生在一个"南下干部"家庭。在历史的硝烟已经散尽的今天,"南下干部"早就已经从我们这个时代谢幕,成为一个逐渐被遗忘的历史名词。然而,要想了解张茵的家庭环境,寻找她童年种下的财富基因,我们就必须重新揭开历史的帷幕，回到那个热血沸腾的红色年代。

建国初期，为巩固新中国政权，为了给建设南方广大地区提供中坚力量，党中央号召各省抽调大批党政干部跟随各路人民解放军南下，远赴长江以南的新解放区，接收并管理一些尚未稳定的城市，这些人就是"南下干部"。张茵的父母正是这批人中的一员。为了建设新中国，他们毅然决然地加入到了"南下干部"的队伍之中，飘篷万里，来到东莞这片炽热的土地上，把自己一生的热血和智慧都浇灌在了这里，并在这里生儿育女。

生长在这样勇于奉献的家庭环境中，张茵自小就受到了良好的教育和熏陶。父母从来不会告诉她去追求物质或金钱之类的东西，而是向她灌输勤奋、诚信、责任等传统美德，并且言传身教，为女儿树立良好的榜样。不仅如此，张茵的父母还通过各种方式锻炼她的独立能力，鼓励她勇敢乐观地面对生活、面对人生，这正是张茵后来无论遇到什么挫折与磨难也从不服输、从不放弃的原因。

在张茵通过胡润百富榜的平台、凭借着"女首富"的称号走进大众的视线之后，人们对她的身世和背景都产生了浓厚的兴趣，甚至有好事者对这位女首富进行了"人肉搜索"，网络上关于她的出身更是众说纷纭。

有网友言之凿凿，说张茵的父亲是广东军区一名握有重权的军官，她父亲用自己的人脉为她铺平了发展道路，使她在创业之路上畅通无阻，最终得以取得成功。这种类似于连续剧的剧情似乎比较符合人们心中普遍的揣测，然而，事实却并不像人们想象的那样。张茵的父亲并非什么传说中"有权力的军官"，他只不过是部队一名普通的连级干部。

张茵是家里的第一个孩子，她的降生给这个家庭带来了很多欢乐。父母虽然工作繁忙，经常废寝忘食，但总会抽出时间来照顾张茵，让张茵享受到了沉甸甸的爱。那个时候，能看到张茵天真可爱的笑脸，就是父母一天中最快乐的时候。在父母的爱中，张茵一天天地长大了。

动荡年代里的单纯愿望

快乐的时光总是稍纵即逝的,转眼间,历史的车轮转动到了20世纪60年代中期,"文化大革命"的导火索被点燃了,十年浩劫由此拉开了帷幕。在那段岁月中,无数无辜的人受到了冲击,甚至经历了家破人亡的痛苦。张茵的父亲为人讲义气、做事雷厉风行,因此得罪了一些人,在"文化大革命"中也未能幸免于难,受到造反派的迫害,甚至被判刑入狱。

父亲受到迫害使整个家庭都笼罩在阴霾之中,还不到10岁的张茵也由此过早地领略到了人世间的酸甜苦辣。原本坚强如铁的父亲被坏人们肆意地欺辱着,母亲也仿佛一夜之间变得苍老憔悴了许多……虽然那时还十分懵懂的她想不明白这一切都是因为什么,但是她的心逐渐变得坚韧起来,在那个动荡的年代,她学会了坚强。

张茵有8个兄弟姐妹,她是老大。父亲的入狱就像一针催熟剂,使张茵迅速成长起来,她用稚嫩的肩膀与母亲一起挑起了家庭的重担。童年留给张茵的,更多的是对贫穷的记忆——补丁擦补丁的裤子、稀得像水一样的粥、树叶做的食物……都是那个动荡年代所特有的画面。那个时候,能吃到一块儿肉,就是孩子们最奢侈的梦想。在张茵家,只有过年的时候才能吃到一丁点儿肉,每逢这个时候,张茵总是强咽下口水,把本就不多的肉让给弟弟妹妹。

贫寒的家境磨炼了张茵的性格,使她逐渐变得坚强、勇敢而又上进。从那个时候开始,张茵小小的心里就树立了一个单纯的愿望:今后一定要好好努力,让父母和弟妹都能过上好日子。

这个目标在当时看起来是遥不可及的,但它却像一颗种子一样种在了张茵心中,在以后的岁月里逐渐生根、发芽,直至开出了美丽的花。多年以后,张茵回望自己的人生之路时,还能够记起这个稚嫩的愿望。如今,张茵的梦想早就已经实现了,她的5个弟弟妹妹加盟了玖龙纸业,成为她的左膀右臂，帮她打理企业方方面面的事务。其中，弟弟张成飞还担任了玖龙纸业的执行董事，成为企业的高级管理者，为玖龙纸业的发展作出了巨大的贡献。

张茵之所以能够成为一个成功的企业家，甚至中国女首富，与儿时那段艰辛的经历也是息息相关的，这也印证了"逆境出人才"的古语。实际上，古往今来，许多成功人士都是在逆境中成长起来的。无论是曾经遭遇过1009次失败最终引领肯德基走向成功的山德士上校，还是遭遇事业滑铁卢二次创业再获成功的史玉柱，都是在逆境中崛起的典范。

走过高考的独木桥

"文革"对于当时乃至以后的中国人来说，就像是一场噩梦，所幸噩梦无论多么可怕，终究有一天会过去，而光明最终一定会战胜黑暗。1976年，"四人帮"垮台，历时10年的"文化大革命"终于结束，全国人民一起把这充满伤痕和痛苦的一页翻了过去，开始抒写新的篇章。

张茵的家庭也逐渐从这场浩劫中走了出来。此时，弟弟妹妹们都已经长大，家庭的负担逐渐减轻，这让张茵有时间和精力去思考自己未来要走的道路。

正在这时，高考制度恢复的消息像燎原之火一样传开了。一时间，上山下乡和回城的知识青年、复员军人、工人、农民以及应届的高中毕业生们，纷纷奔走相告。张茵很快也得知了这个消息，那个时候的张茵就像在众多歧路中看到了一条通往光明的笔直大道一样，兴奋不已。"高考恢复了，我可以去参加高考了"，张茵在心底欢呼着。此时此刻，大学梦仿佛就在她的眼前，却又远在天边。在经过无数个日日夜夜的激动、疑惑与彷徨后，张茵下定决心选择了高考这条路。

从那个动荡年代过来的人都知道，对当时的人们来说，高考几乎成为人们改变命运的最后一根稻草。没有经历过不平等对待的人、没有经历过漫长的磨难与困苦的人、没有感受过"唯成分论"下隐藏着的歧视的人，断然无法想象到，压抑了将近10年一下子释放出来的能量是多么巨大。1978年，在体会到了国家真正是在起用人才后，全国上下数以万计的人，近乎疯狂地加入到了备战高考的大军中，张茵就是其中的一员。

然而，由于"文化大革命"期间学校早就失去了教书育人的功能，张茵和当时的很多年轻人都成了被耽误的一代，他们从学校里学到的知识根本不足以应对高考。于是，张茵开始利用一切可以利用的时间为自己补课。语文、数学、历史、地理……每一门功课都是一座沉重的大山，张茵就像愚公一样，开始执著地"移山"。她坚信，只要努力，没有过不去的坎儿！

张茵开始了不分昼夜、废寝忘食的攻坚战，她的脑子一直在超负荷地高速运转着，一刻也不敢掉以轻心。她每天复习到半夜，累了，就趴在桌子上睡一会儿；醒了，就继续挑灯夜读；饿了，就拿着书去找点儿吃的，边看书边吃……

直到走进考场的那一瞬间，张茵这些日子来一直紧绷着的神经才一下子松弛了下来。监考的老师把试卷发给她，她开始奋笔疾书了起来。当张茵在考场上写下最后一个字的时候，她忍不住长叹了一声——无论如何，自己已经作出了努力，即使不成功，也不会怨天尤人了。

踏上求学路

之后，张茵开始忐忑不安地在家里等着录取通知书，每当有邮递员路过的时候，她都会跑到家门口去，用炽热的目光看着人家。然而，每次都以失望而告终，邮递员从来没有在她面前停留过。

过了一段日子，很多同学都陆陆续续收到了录取通知书，但张茵的通知书却仍然杳无音讯。她心急如焚、寝食难安，甚至已经做好了来年再考的准备。

有一天，张茵没有像往常一样跑出去等待，她已经失望透顶了。就在这时，她听到了邮递员敲门的声音，并且还隐约听到了自己的名字，她飞快地去开门。当张茵看到邮递员递过来的那个自己日思夜想的信封时，忍不住热泪盈眶，激动得一句话也说不出来。那轻得像羽毛一样的信封，在她的手上，仿佛重达千斤。

就这样，张茵成功考上了大学，攻读自己十分感兴趣的财务会计专业。

随着录取通知书上的报到日期一天天地临近，家里人也开始忙碌了起来。妈妈心疼张茵这么多年来连一件像样的衣服都没有，特意为她做了一件新衣服；担心她上学的时候会冷，还给她准备了一床新褥子；弟弟妹妹们也十分懂事，帮她收拾行李……临走的那天，家里人一大清早就起来了，依依不舍地把她送上了汽车。

她带着沉甸甸的行李和一家人满满的爱，踏上了求学的征程。

坐在大学教室里，张茵百感交集。她暗暗下决心，一定要好好学习，用知识打造属于自己的未来。在学校里，张茵大部分的时间都在如饥似渴地读书、如痴如醉地学习。那时候大学里的生活并不像现在这么优裕，还是十分艰苦的，但是，任何困难都已经不能阻挡张茵前进的脚步了。

下海淘金，告别深圳梦

1982年，张茵以优异的成绩顺利毕业了，带着自己在大学里所学到的知识，她来到了深圳这片热土。

在那个年代，深圳是许多怀有梦想的年轻人首选的创业地，满腔热情的张茵，正是当时投身深圳建设事业的许多年轻人之一，她希望在深圳这个改革开放的前沿阵地闯出属于自己的一片天地。

深圳"淘金"

20世纪80年代的深圳，得益于沿海的优越地理位置，成为了全国经济改革的试验田，得到了国家政策的大量倾斜，获得了良好的发展机遇，经济发展势头十分迅猛。"敢闯敢试，敢为天下先"的深圳精神吸引了全国各地的众多有志青年来到这个充满梦想的地方"淘金"，在这里挥洒汗水、追寻理想。

在深圳，张茵先是从事了自己的老本行——在一家工厂做会计。由于她聪明能干，因此在业务方面表现得十分出色。随着业务越来越熟练，张茵跳槽到了深圳信托下属的一家合资企业担任财务部部长。后来，她发现了自己在贸易方面的兴趣和才能，又接过贸易部部长的权杖。从普通的会计到部门的管理者，张茵实现了一个女性打工者的迅速飞跃。

一切都按照张茵对自己的职业规划按部就班地进行着。

在合资企业做贸易部部长的时候，由于工作上的需要，张茵经常与来自香港的一些客商打交道。因为她为人亲切随和，性格坦率直爽，对待工作既认真又极具责任感，因此，客户对她都非常信任。就这样，张茵与很多客户都建立了良好的关系。

此时的张茵没有想到，在她毫无察觉的时候，上帝为她悄悄打开了另一扇门。在张茵的客户中，有一家客户的业务是涉纸贸易，主要市场在香港，这是张茵第一次接触到废纸回收这个行业。一次偶然的机会，张茵来到香港，亲身接触到了废纸回收这个行业。这次香港之行使她受益匪浅，她充分了解到了内地纸张短缺的现状。直觉告诉她这个短缺蕴含着巨大的市场，如果能够抓住这个机会，就很有可能获得前所未有的成功。

辞职下海

此时的张茵面临着人生的又一个艰难抉择——是安于现状，还是辞职创业？安于现状，自己会平稳度过一生，虽不会有太大建树，却也富足无忧；而辞职创业，则意味着自己要放弃在深圳打拼多年的成果，优厚的薪水、安稳的生活都将不复存在，自己又将从零开始。

真正的成功者是不会安于现状、更不会甘于现状的。以张茵的个性，又怎么可能满足于现有的成就、停止进取呢？而那个时代的经商浪潮也强烈地感染了张茵，她的满腔热血和年轻的心也敏感地感应到了这股浪潮不可抗拒的力量。

最终，张茵毅然决然地决定辞职，放弃在深圳优厚的薪水和住房，去香港创业！

20世纪80年代，在改革开放的前沿——深圳，辞职下海作为一种潮流并不鲜见。然而，一个女人作出这样的决定还是在周围的人中掀起了轩然大波，令很多人大为不解。领导和同事们都为她惋惜，连最了解她的父母此时此刻也感到不可思议——丢掉稳稳当当的工作，丢掉舒舒适适的日子，把自己推到一个不可预知的未来中去，她是不是发疯了？

的确，放弃优越的生活，去面对一个无法预测的未来，这是一场很大的冒险。在当时的社会，女性所扮演的角色更多地还是妻子、母亲等，在事业上取得成功是男人要承担的责任，从这个角度来看，张茵无疑是一个异类。然而，张茵并不这么认为，她不希望自己受到性别的束缚，认为女性和男性一样也能闯出一番天地。在这时，张茵的魄力与胆识已经初现端倪。

这个时候，还发生了一个小插曲。一个曾经与张茵有过业务往来、一直都十分赏识她的广东老板得知她要辞职的消息后，向她抛出了橄榄枝，力邀她加入自己的企业，并且保证给予她更为丰厚的待遇。然而，张茵不假思索地拒绝了这位老板的好意,她想给自己打工,做自己的老板!

1985年,张茵怀揣着自己在深圳工作攒下的3万元和对事业的渴望,孤身来到香港,做起了废纸回收贸易,她的创业之路从此开始。

贵人相助

在张茵因成为胡润百富榜第一位女首富获得举世关注后,许多人都好奇她为什么会选择废纸回收这个行业作为自己经营一生的事业。在张茵接受采访时,这个问题也被记者屡次提及。对于"废纸回收",很多人都不甚了解,大多数人都把这一行等同于我们平常所说的"收破烂",是最低贱、最脏最累、没有什么出路的行当。干这一行的人,也大都被人看不起。然而,张茵却能凭借"废纸回收"起家,并且干得风生水起,直至登上"首富"宝座,创造了一个化腐朽为神奇、变废纸为财富的奇迹,这令很多人感到惊讶和好奇。

其实,张茵之所以会选择"废纸回收"作为自己创业的基点,与张茵在深圳工作时结识的一位造纸厂厂长有关。正是受到了这位厂长的点拨和启迪,张茵才下定决心投身这一行,干出一番事业。

这位造纸厂厂长与张茵是在生意场上认识的。两个人都性格直爽,很是投缘。谈生意之余,张茵与他交谈时,竟然发现他的许多观点都与自己不谋而合,而且因为经历的比较多,他在很多事情上都比张茵看得更深、更远,这令张茵受益匪浅。

这位造纸厂厂长认为,将来造纸业的发展趋势是从资源造纸向再生纸转变,废纸回收这个行业虽然现在没有得到重视,但在不久之后一定能够获得长远的发展,拥有很大的商机。

他说的一句话使张茵产生了很深的感触:"废纸就是森林。"这句话,张茵始终牢记于心,并且在以后的经营之路上,一直以此为指导,坚持环保的理念,将废纸变成源源不断的"森林"。时至今日,再回头来看看那位造纸厂厂长的观点，会发现他准确地预测到了废纸回收这一行业的发展脉络——二十多年过去了，废纸回收再利用确实已经成为造纸业的基本生产模式。

在攀登事业之路的过程中，贵人相助往往是非常重要的一环。对于张茵来说，这个造纸厂厂长就是她创业道路上的一位贵人，是他引她入行、带她了解了废纸回收的发展前景，帮她找到自己热衷并且擅长的事业。

张茵是一个饮水思源、知恩图报的人，她一直尊称这位造纸厂厂长为"师傅"。现在，师傅已经八十多岁了，张茵虽然工作繁忙，但仍然时常抽时间去看望他。不仅如此，师傅的子女也在玖龙纸业工作，张茵为他们提供了充分展示才能的平台。

选择自己感兴趣的事业去拼搏和奋斗，就会有源源不断的激情和无穷的动力。有调查表明，如果一个人拥有很高的创业积极性和激情，就能发挥出自己全部才能的百分之八九十；但是，如果一个人对创业缺乏足够的兴趣和热情，那么，即使他拥有再大的才能，也只不过能发挥出百分之二三十而已。创业者一旦爆发出了激情，就会带来无穷尽的智慧与力量。对于张茵来说，正是如此。

创业第一站的磨砺

世人常常只能肤浅地看到那些环绕在成功者周围的光环，羡慕他们今时今日拥有的鲜花和掌声、名利与光荣。我们往往以为他们的财富只是投机取巧、苦心钻营或长袖善舞的结果，却不知道在他们今日所获得的成就背后，是昔日打拼创业时所付出的超负荷的努力、常人无法承受的心理压力和艰难困苦。张茵能够取得今天的辉煌，背后也有数不清的劳苦辛酸。

香港，梦开始的地方

告别了深圳安逸而优裕的生活，张茵终于站在了香港的土地上。这个时候的她，虽然两手空空，却满怀着创业的信心和勇气。看着街头来来往往的人们，张茵暗暗下定决心：一定要闯出属于自己的一片天地！

然而，万事开头难，创业更是如此。抛开人才、资源、市场等种种因素不论，只是初期资金的准备就是一个巨大的挑战。当时张茵所拥有的资金只有3万元，这是她工作多年的全部积蓄，但是，在香港这个国际金融中心，3万元根本就是微不足道的。

张茵并没有因此而打退堂鼓，她知道自己所拥有的最宝贵的财产并不是这3万元，而是自己的头脑和双手！只要自己肯努力，就一定能够在这个繁华的城市里闯出一番名堂。

那个时候的张茵不过二十几岁，正是爱美的年龄，然而在香港这个有名的购物天堂里，张茵却没有像其他女孩子一样忙着购物打扮自己，而是执著地、不知疲惫地奔跑在创业的道路上。

作为亚洲"四小龙"之一的香港，在1985年的时候，恰好处于经济发展的鼎盛时期。经过多年的努力，香港已经奠定了世界金融、贸易和货运中心的地位，各种各样的光环构成了一个世人眼中光鲜亮丽的香港，而香港的回归也逐渐提上了日程。得益于此，香港与祖国之间的关系越来越密切，在经济发展方面更是日益融为一体，而香港对祖国的改革开放也发挥着越来越重要的作用，成为我们打开国门了解外部世界的一个重要窗口。

20世纪80年代的香港到处充满机遇，如同一座尚未开发的矿藏，等待着人们来挖掘。张茵在这个时候选择香港作为创业第一站，可谓慧眼独具。

事实上，来香港之前，在深圳工作的张茵就已经敏锐地认识到了香港未来在中国经济与贸易中所扮演的重要角色。因此，她选择到香港淘金也就是理所当然的事情了。从这个决定上，我们对张茵的战略眼光和前瞻性也就可以窥见一斑了。

在这个世界上，机遇并不匮乏，但它往往只垂青那些有准备的头脑。作为创业者，更应该拥有敏锐地发现机会、捕捉机会的火眼金睛。敏锐的眼光、果断的决策力是当代创业者必须具备的素质。没有敏锐的触角，没有决断的才能，就不能及时作出正确的决策，就极容易在千变万化的市场形势中迷失方向，最终导致一事无成。

艰难的创业之路

张茵从不打无把握之仗，在闯荡香港之前，她就已经联系了内地的一些造纸厂，希望取得这些厂家的委托资格。然而，万事开头难，这些造纸厂并不了解张茵，也没有跟她打过交道，对她怀有戒心，不敢把工厂的生意委托给她。

虽然吃了"闭门羹"，但张茵并没有气馁，她开始转变策略，每天都到这些造纸厂的门口守着，希望能够直接见到工厂的负责人，向他们诉说自己的想法。"皇天不负有心人"，张茵的热情和勇气使她最终见到了工厂的负责人并打动了他们，就这样，她获得了许多造纸厂的委托资格。来到香港之后，张茵便以委托代理商的身份开始四处寻找香港的厂商，希望与他们建立长期合作关系。

初到香港的张茵既没有亲人在身边，又没有朋友可以交流，十分孤单。她一个人租住在简陋的出租屋里，条件十分艰苦。冬天的时候，外面寒风刺骨，屋里也不暖和，她经常是裹着厚厚的棉衣还觉得瑟瑟发抖；到了夏天，香港的高温天气又让人闷得喘不过气来，张茵却连风扇都舍不得买，因为她要把钱花在刀刃上，这个"刀刃"就是创业。

张茵在创业初期所经历的艰难困苦正是他们这一代创业者的缩影，由此可以看到这一代创业者所具有的一个重要品质——坚韧。

物质条件即使再恶劣，也不足以压倒张茵，真正令她觉得举步维艰的是，作为一个从广东来的"大陆妹"，很多香港本地人都戴着有色眼镜看她，甚至十分歧视她，不愿意和她打交道、做生意，这给张茵的创业带来了很大的阻力和困扰。但张茵骨子里天生就有一种不服输的狠劲儿，就像弹簧一样，阻力越大，反弹的力量也就越强。处境越是艰难，她就越要闯一闯，不但如此，还要闯出一番名堂。

为了找到到更多的货源，张茵每天早上天刚蒙蒙亮就从床上爬起来，去商行收购废纸。一个二十几岁的女孩子孤身一人在异地四处奔波十分辛苦，但这些张茵都能忍受，让她难以忍受的是一些商行老板的白眼和恶语。为此，她有好几次回到出租屋后一个人大哭一场，宣泄自己的情绪。但是，尽管遭到了这样的冷遇，张茵也从来没有想过放弃，第二天一早，依然能够看到她的身影出现在这些商行门前。

除了收购废纸之外，张茵每天还要跑码头考察货运的情况。由于每天奔波劳碌，她的脚底磨出了许多大血泡，有时流出的血把鞋底都浸透了。为了能够把香港船运情况了解得更清楚，张茵几乎跑遍了整个香港。

只身闯澳门追债

天道酬勤。渐渐地，这位"大陆妹"的执著和顽强感动了越来越多的商行老板。她果断的性格和过人的胆气也赢得了他们的尊重，他们开始认可她、抢着和她做生意。就这样，张茵的货源越来越充足，生意逐渐走上了正轨。

然而，创业之路总是一波三折的。正当张茵以为已经度过了最艰难的时期，可以停下来喘口气时，生活又给了她一个新的考验。一个澳门商人找到她，主动提出和她合作，张茵十分高兴地接受了，以为接到了大单子，可以大赚一笔。

澳门商人和张茵讲好了300万港元的生意，并在付账的时候给她开了一张支票。初涉生意场的张茵十分单纯，并没有想到其中有诈，于是欣然接受了。然而，当她拿着这张支票到银行兑现的时候，银行的工作人员却告诉她，这是一张300万韩元的支票，按照港元与韩元之间的兑换比率，她只能拿到很少的钱。

这个时候，张茵才知道自己被骗了。

一想到自己起早贪黑、辛辛苦苦挣到的钱，就这样变成了不值钱的"300万韩元"，张茵顿时感到天翻地覆，怒气一下子涌了上来。

为了找到这个骗子，张茵没等到天亮，就一个人跑到澳门，到处寻访他的踪迹。多年以后，张茵在采访中回忆道："在那里，人家要让你悄无声息地'蒸发'是一件很简单的事情，但那个时候，我心里从来没有一个'怕'字。"

创业之路必定不会一帆风顺，既然你选择走上这条艰难的道路，就注定了要在坎坷与挫折中前行。在这条道路上，谁也不知道到底什么时候才会柳暗花明，也许在很长的时间里你都需要在黑暗中摸索着前进，甚至不知道黎明离自己究竟有多远。

然而，再多的障碍和磨难也无法阻挡住张茵坚定的步伐，在她的眼中，这些只不过是人生的一个小小的关口而已。虽然在创业的道路上经历了许许多多的坎坷和磨难，但张茵始终充满信心和希望，并珍惜和享受创业的过程，把每一次挫折都当做是一种财富的积累。

第二章
点纸成金，缔造纸业王国

她点纸成金，将废纸变为财富；她在最古老的造纸行业中拼搏、奋斗，打造自己的纸业王国；她用自己的经历向人们证明：从一无所有到中国首富并不是遥不可及的梦想。

勇敢打破"潜规则"

如今的社会,潜规则之风盛行。这些见不得光的"潜规则"发源于人们的贪婪和私欲,逐渐发展壮大,最终无孔不入地渗透到了社会上的各行各业中。

面对这些行业里的"老鼠屎",有的人大义凛然,坚持正义,奋力抗争;有的人听而不闻、视而不见,只扫自家门前雪;还有的人本身就是潜规则的信徒,在这个大染缸里如鱼得水,赚得个盆满钵满。张茵属于第一种人,在造纸业的"潜规则"面前,她揭竿而起,勇敢打破行规,还这个行业一片洁净的天地。

刀尖上跳舞的挑战者

1985年的香港废纸回收业,由于入行门槛低、投入资金少,成了许多底层人民首选的谋生出路。因此,这一行鱼龙混杂,从业人员素质普遍较低,行业整体环境十分恶劣。为了谋取更多的利益,这个行业渐渐形成了这样一个"潜规则"——往废纸里加水或者其他杂物。这样,在称重的时候,显示重量就会高于实际重量。

按照当时行业流行的"规矩",每千克废纸里所含的水分大概占20%~30%。新入行的人必须遵守这个约定俗成的"潜规则",否则的话,就会受到排挤、打压。

张茵在刚开始干这一行的时候也遇到了这道难题。当时的香港废纸回收业已经发展得比较成熟,建立了相对完善的渠道,如果张茵顺应了这个"潜规则",与他们同流合污,就可以借助这个渠道的力量,创业之路就会容易很多。

然而，张茵却并没有向这个潜规则屈服，她大胆地将加水的比例缩减为15%，毅然决然地成为了这个潜规则的挑战者。15%，也就意味着张茵的废纸品质更好，自然受到了很多客户的欢迎，她的废纸生意变得越来越好。

但这也触及到了其他废纸回收商的痛处，那些潜规则的奉行者们听说有个外地来的女孩子竟然不知天高地厚地不遵守"行规"，降低往废纸里掺水的比例，纷纷感觉受到了威胁。他们开始对张茵施行打击报复，有人甚至明目张胆地对她进行恐吓，要求她"识相点"，趁早断了破坏规矩的念头，不然就要给她点颜色看看。

张茵甚至还在家里接到了黑社会的威胁电话，但这并不能使她退缩，她一旦作出了决定，就会坚持到底。为了避免受到伤害，张茵不得不采取一些应对措施，比如改变了以前的出行习惯，时而坐地铁，时而坐公交，让那些人摸不清她的行踪。

有一次，张茵惊讶地发现她的一些合伙人竟然瞒着她往纸里加超量的水，而并不遵循她所坚持的15%的比例。在她的询问之下，那些胆小怕事的合伙人迫不得已说出了真相。原来他们也受到了其他废纸回收商的恐吓，为了息事宁人，他们只能偷着加大了掺水的比例。此外，这也是出于经济利益的驱使，掺水越多，赚到的钱自然也就越多，合伙人当然不愿意断了自己的财路。张茵对此感到十分气愤，由此也更深刻地认识到了改变这个不合理的"潜规则"的重要性和紧迫性。

那些废纸回收商不但对张茵和她的合伙人进行恐吓，还对向他们提供废纸的小商小贩们进行利诱。那些小商小贩既惮于其他废纸回收商的威胁，又为了使自己的废纸多卖一些钱，都不再把废纸卖给张茵，纷纷转卖给其他人，张茵的货源因此出现了大幅度锐减。

此时的张茵就像在刀尖上跳舞的舞者，每一步都走得极其艰难。家人和朋友们也都纷纷为她的安危感到忧心忡忡，劝她不要冒险。但张茵已经下定决心要用自己的实际行动来改变这个行业的整体状况。为了实现自己的这一理想，她不会向任何强权和暴力低头。

诚心打开突破口

一面是同行的恐吓威胁，一面是货源的紧缺，张茵遭受到两面夹击，每天忙得焦头烂额。尽管如此，张茵还是勇敢坚持自己的原则。她始终认为自己现在做的是能够促进行业健康发展的好事，并相信总有一天会获得大家的支持。

同时，张茵也没有一味坐以待毙，针对同行的"围追堵截"，她开始转变策略，寻求出路。她首先从调整废纸回收的价格入手，保证从事废纸回收的小商小贩们的正当利益。为了把他们拉到自己的阵营里来，张茵还投入大量时间和精力和他们沟通，诉说自己的苦心。那时，从事废纸回收的小商小贩大都是穷苦百姓，他们处于社会的最底层，过着穷困潦倒的生活。为了打开局面，张茵决定以这些人为突破口。她和这些人交朋友，对他们诚心相待，并且还到他们居住的窝棚里去探访他们。当他们遇到难处的时候，张茵也会尽己所能施以援手。

一开始，这些人对张茵充满了戒心，以为她是个利欲熏心的奸商，但时间长了，张茵的所作所为都证明了她的古道热肠是发自内心的，而不是为了博取他们的支持故意伪装出来的。渐渐地，他们被张茵感动了，开始接纳她，把她当成自家人。

后来，那些收废纸的小商小贩们都愿意把废纸卖给张茵，张茵的货源问题就这么迎刃而解了。如今，香港的废纸回收业还坚持着加水量15%的行业规范，这正是靠张茵的不懈努力换来的。

解决了上游的货源问题，张茵又开始着手寻找下游厂商。这时，张茵的师傅又对她伸出了橄榄枝。师傅当了一辈子的造纸厂厂长，正直是他始终坚持的准则。当张茵问他是否能够把自己回收的废纸卖给他时，他毫不犹豫地给出了肯定的答案。他对自己这个女徒弟对诚信的坚持大为赞赏，还以实际行动对张茵改变造纸品质的想法给予了强有力的支持。

张茵用自己的诚信和对品质的坚持获得了良好的行业信誉，无论是香港还是其他地方的废纸回收商在寻求合作的时候都把她当做第一选择，她的业务越做越大。

决策者的眼光

短短几年时间，张茵就成为了香港最大的废纸出口商，并且建立了属于自己的纸行和打包厂。她的废纸不但供应内地，还将触角延伸到了东南亚各个地区。

在香港，张茵除了挖到人生的第一桶金、完成了最初的资本积累之外，还收获了一生中最大的一笔财富——在这里，她结识了牙科医生刘名中，并与他携手走进了婚姻殿堂。后来，张茵还挖掘出了丈夫身上的商业天赋，并且极力劝说他也加入了自己的公司，成为她的得力助手与坚强后盾。

正当夫妇二人为了事业努力打拼之时，内地的改革开放如火如荼地展开了，纸张需求量也随之大幅度提高，张茵迎来了一个天时、地利、人和的大好发展时期。

顺势，开创新版图

张茵开始把目光转移到内地，回到内地寻找投资合作伙伴。张茵的根在东北，因此，在投资建厂的时候，她首先考虑的是自己的故乡东北。

为了找到合适的合作厂家，张茵开始四处奔波，考察货源和市场。东北的天气以寒冷著称，张茵虽然祖籍东北，但却出生在温暖如春的广东东莞，自小生活在南方，因此，东北寒冷的气候让她很不适应。但这对于张茵来说，并没有形成什么大的困扰，创业的热情在她的内心澎湃着，让她感到无限的力量。

经过缜密的考察，张茵圈定了辽宁营口造纸厂作为自己在内地的第一家合作厂商。这家造纸厂是国有企业，生产能力强，并且当地货源丰富，能够为造纸提供强劲的支撑。得益于张茵的敏锐眼光与精心经营，这次合作非常顺利，张茵进军内地的第一步棋大获全胜。

这之后，张茵又趁热打铁，不断扩大自己的投资规模，先后与武汉东风造纸厂、河北唐山造纸厂合作，建立了合资工厂。连续出击使得张茵的造纸厂在内地遍地开花，并且都取得了不错的收益。

虽然生意发展得如火如荼，但张茵并没有因此而沾沾自喜，相反，她开始冷静地对自己这几年的发展历程进行反思、总结。此时，有一个问题涌上了她的心头：目前，自己的生意已经大范围地向内地转移，但是重心依然在香港，地域上的距离造成了经营上的诸多不便，是否应该在内地建立一个总公司？在她的反复权衡与思量之下，在内地建厂提上了日程。此时的她，有了一个更宏伟的产业构想，那就是：自己造纸，向下游进军。

1988年在张茵的创业史上留下了浓墨重彩的一笔。这一年，张茵在广东东莞成立了一个独资工厂——东莞中南纸业有限公司。中南公司主要负责内地业务的拓展与经营，生产的产品遍及全国各地。对于张茵来说，这是一个崭新的里程碑，也是开动马力全速发展的新契机。

归零，回到人生起点

此时的张茵，不但已经奠定了自己香港废纸回收业"江湖老大"的地位，还将内地的事业也搞得风生水起。她的事业已经步入一个发展的黄金时期，称誉、赞美也随之接踵而至。但是张茵并没有被成功冲昏头脑，此时的她又作出了一个令人咋舌的决定：离开香港，到美国去进行二次创业。

每个听到这个决定的人都感到不可思议——放弃自己在香港辛苦打拼获得的一切，到人生地不熟的美国重新开始，张茵是不是疯了？如同当初放弃深圳的优越条件转战香港的时候一样，沸沸扬扬的反对声又铺天盖地地向她扑来。

张茵没有作出任何解释，也不为这些意见所动。多年以后，网络上开始盛行一句流行语，叫做"彪悍的人生不需要解释"。现在看来，用它来形容当初的张茵实在是再贴切不过了。

对张茵来说，人生总是在舍弃中才会有所获得的。作为创业的第一站，张茵早就已经对香港产生了深厚的感情，不管是这里的朋友还是环境，都让她深深留恋。但与此同时，她也清醒地认识到：香港只是个弹丸之地，废纸资源是十分有限的。伴随着香港和内地的造纸厂对造纸原料需求的蓬勃复苏，有限的废纸资源根本无法满足生产的需要，自己的事业总有一天会走进瓶颈期。

为了避免出现这样的局面，寻找一个更广阔的资源市场已经势在必行了。为了使自己的事业版图能进一步扩大，为了早一日实现自己"造纸业大王"的夙愿，张茵重新站到了人生的起点，开始了新的创业历程。

寻梦美国，二次创业

1990年2月，张茵和丈夫刘名中一起移居美国，在洛杉矶创建了美国中南有限公司，开始了二次创业。

去美国收废纸

张茵之所以会选择美国作为自己再度创业的起点，是经过了深思熟虑的。在经营了多年的废纸回收业务后，张茵逐渐发现中国的造纸业主要受到两个因素的制约：一是我国的森林资源比较短缺，二是国内废纸回收体系很不健全。

由于缺乏丰富的森林资源，我国的造纸业主要是以草或者掺加了大量草的木浆为原料，与国外主要以原木为原料造纸相比，造出的纸自然质量不佳。因此，用回收来的废纸生产出的纸浆也没有品质保证，无法用来制造高级别的再生纸。没有健全的体系，废纸回收就无法形成规模，导致国内废纸回收现状相当混乱。这给我国的废纸回收业带来了相当大的困扰。为了解决这个难题，长期以来，我国都是从欧美一些国家引进废纸，美国就是其中之一。

然而，张茵却以一个废纸回收商的敏锐发现了这里面暗藏着的商机。她想：既然美国林业发达，废纸资源丰富，为什么不干脆去美国"收废纸"？这样，既能够保证稳定的货源，也能够借助美国广阔的市场坏境来开拓自己的事业，可谓一举两得。

这个想法令她顿时兴奋了起来，于是，她就与自己的"军师"刘名中沟通，希望能够得到他的支持。听完了张茵的想法，刘名中顿时陷入了两难的境地——作为一个男人，他的根已经扎在了香港，这里有他努力奋斗多年才得到的事业，如果选择去美国，那么他就不得不放弃现在已经拥有的一切，从头开始；而作为一个丈夫，他深知妻子在生意场上打拼的不易，并且理解她对自己事业的热爱，他相信她的战略眼光，并且支持她所作出的每个决定。

此时的刘名中就像站在十字路口上，一边是自己的事业，一边是爱情，难以抉择，无论做出怎样的取舍都会令他十分难受。最终，他内心的天平还是倒向了妻子这一边,因为,对于他来说,爱远比事业更重要。

当张茵远渡重洋终于站在了美国洛杉矶街头的时候,我们仿佛看到了历史的回放——几年前,她也是这样抛下一切来到香港,开创属于自己的一片天地。而今,当她再次重复以前曾经走过的人生轨迹时,是否会感慨万千?也许就是在那一刻,张茵立下了一个宏伟的目标,要成为美国的"废纸大王"!

成长中的美国中南公司

美国作为世界上屈指可数的纸业大国,废纸资源十分丰富。美国政府专门成立了一些废纸处理机构,分门别类地回收人们丢弃的废纸。此外,美国科技发达,环保意识强,为了提高回收的废纸的可利用性,政府还建立了完善的废纸回收系统。由于政府的重视和倡导,美国的废纸回收业已经成为了一种环保的、可持续发展的产业。

相对中国来说,美国的市场环境十分完善,更没有什么"潜规则"。以"为世界提供高品质的纸品及原料"为己任的张茵在这里如鱼得水。

1990年,张茵用自己以前做生意积攒下的资金,成立了美国中南有限公司,希望在这个世界造纸业的核心地带大展宏图,使自己的事业再创新高。

公司起步之初,由于缺乏资金和人脉资源,因此步履维艰。当时,首要的任务是解决货源。为了搜集废纸资源,寻找稳定的客户,张茵和刘名中开着一辆破旧的二手车一家接一家地上门拜访。有的时候,因为时间紧张,刘名中连饭都吃不上,就随便买个汉堡或者其他什么快餐,在开车的时候火速解决掉。后来,张茵发现,两个人一起行动,虽然互相有个照应,但效率却比较低。为了尽快打开市场,他们决定分头行动。那时,张茵的英语还不过关,因此,她只能随身带着一名翻译,让翻译来帮助自己解决与客户之间的沟通问题。

开始的时候，看到这两张陌生的华人面孔，美国客户总是会有所怀疑，并且习惯性地说"no"。但张茵并没有因此而放弃，她又拿出了愚公移山的精神，一次又一次地游说、拜访，到后来，客户也被她的坚韧和执著打动了。张茵因此而获得了许多机会，这些机会对于成长期的美国中南公司来说，是异常宝贵的。

经过一段时间的艰苦努力，中南公司终于有了一批稳定的客户和货源，公司运营逐渐步入了正轨。

然而，这并不代表张茵从此就能高枕无忧了，新的挑战接踵而至。在此之前，张茵经营的工厂虽然规模不小，但大都是作坊式的小型企业，没有形成固定的经营理念，更没有什么管理经验可言。在美国，一切就不同了。为了适应美国市场的需要，张茵必须熟悉国际市场的游戏规则，并且在经营过程中学会如何巧妙地运用这些游戏规则。伴随着企业规模的扩大，她还要了解国际化企业的经营策略，向最先进的管理理念靠拢、取经，不断提高自己的管理水平。

除此之外，张茵每天还要抽出一定的时间去工厂转一转，了解工厂的运营情况。张茵认为，只有对工厂的动态了如指掌，才能在遇到各种情况的时候，理性地制定出正确的对策。这样，在出现危机的时候，才能及时作出反应，转"危"为"机"。

在很多人眼里，废纸回收是一件再简单不过的事情了。然而，要想把这件简单的事情做好、做到极致，却也并不容易。张茵能够取得今时今日的辉煌成就，与她精准的战略眼光、过人的经营能力都是密不可分的，然而要说起最重要的一个因素，却莫过于诚信。在美国中南公司的经营过程中，张茵始终以"诚信"作为自己的第一准则。她从来不会像其他一些厂商一样，在废纸降价的时候毁约，而是宁肯自己受到损失，也要遵守合同，把信誉摆在第一位。和张茵合作过的客户都十分信赖她，中南公司因此得以与许多重要客户建立起长期的合作关系。

在张茵夫妇的辛苦打拼、努力经营之下，中南公司逐渐赢得了美国人的信任，并在美国市场上站稳了脚跟。

当然，张茵并没有因此停下脚步。经过多年经营，张茵的中南公司已经发展成为全球最大的造纸原料出口商，其业务范围拓展到了欧美、亚洲等许多国家，每年出口的造纸原料超过了 500 万吨。

很多人也许对这个数字并没有什么概念，举个简单的例子，美国森林和纸业协会曾经公布了一份调查报告。报告称，以一年为统计时间，美国的用纸量为 4700 万吨左右，其中得到循环利用的废纸大约占总数量的 3/4。通过计算就能够发现，中南公司生产的造纸原料大约占美国每年可再生利用废纸的 1/7。由此，我们就能看出这个数字背后的意义。不仅如此，中南公司的业务量仍在以年均 30% 的速度飙升。

根在中国

如果说 20 世纪 80 年代中国大张旗鼓的改革开放给张茵提供了发展的契机，那么，90 年代中国经济的持续繁荣则为她步入事业的黄金期提供了有利条件。虽然张茵身在美国，但却始终心系中国，她无时无刻不在关注着中国的经济发展动向。

"再生"废纸 = 聚宝盆

1995 年左右，张茵发现中国的高档包装纸出现了供不应求的局面，而高档牛卡纸则更成了稀缺资源，几乎完全依赖国外进口。此时，张茵的战略眼光再次发挥了作用，她察觉到了这是一个不可多得的历史机遇，于是决定再次回到自己在国内的大本营——广东东莞。

对于张茵而言，1996年是一个里程碑式的年份。这一年，张茵在东莞投资1.1亿美元，成立了玖龙纸业有限公司，公司的主要产品是当时极为紧缺的高档牛卡纸。张茵把中南公司在美国回收的废纸全部运送到东莞，在玖龙纸业进行加工，生产出品质优良的高档牛卡纸。这些"再生"的废纸成了张茵的"聚宝盆"，为她创造出了源源不断的财富。

1998年，玖龙纸业的第一条生产线建成了，这条生产线能够完成每年20万吨的生产量。要知道，在当时，中国大多数的造纸厂每年的生产量只有5万吨左右，相比之下，简直是云泥之别。几年以后，张茵又投入上亿资金扩大了两条生产线。到了2002年，玖龙纸业以三条生产线、百万吨产能奠定了中国包装纸板企业龙头老大的地位。

以极其低廉的价格在废纸资源丰富的美国收购废纸，然后以廉价的运费运输到中国，再利用中国在土地、能源以及劳动力等方面的优势，以最低的成本生产出紧缺的产品。这个看起来简单的商业模式为张茵开创了日进斗金的生意，也为中国造纸行业种下了一片广袤的"森林"。

成功就是简单的事情重复做

有这样一个故事，说的是有一个著名的推销大师，在即将结束自己的推销生涯之时，决定举行一次演说，为自己的职业道路画上句号。那天，偌大的一个会场挤满了人，人们都在等待着，希望能够从这个推销大师的最后的演说中获得成功的真谛。在会场，人们奇怪地发现，舞台的上方悬挂着一个沉重的大铁球。推销大师在人们的热切期望中终于走上了舞台。但他什么也没说，而是站在铁球旁。这时，工作人员送上来一个硕大的铁锤。推销大师面对着台下的观众，要求两个健硕的年轻人上台来。大师要求这两个年轻人用大铁锤来敲打铁球，直到铁球荡起来。年轻人笑了，在他们眼里，这是很简单的一件事情。一个年轻人先拿起铁锤，攒足了劲儿向铁球砸去，然而，出人意料的是，那个铁球竟然纹丝不动。另一个人也重演了这一幕。

台下的人们茫然了,不知道大师的真正意图是什么。这时,大师从自己的衣服口袋里拿出一个小锤头,开始认真地、一下又一下地敲击那个铁球。半个小时过去了,一个小时过去了,台下的人们开始躁动起来,有些人起身离开了,还有些人已经忍耐不住开始骂了起来。然而大师始终不为所动,依然重复着那个简单的动作。经过了漫长的时间,那个铁球终于开始摆动起来。伴随着大师的敲击声,铁球摆动的幅度越来越大。这时,大师才收起了小锤头,严肃地告诉大家:其实,成功就是简单的事情重复做。

简单的事情重复做,也正是张茵的成功之道。

在张茵执著于造纸业的征程中,难免也会遭遇坎坷、挫折,但她从来没有因此想过放弃。一年又一年,很多同行都已经在这个行业里销声匿迹了,张茵却始终如一地坚持着。从国内到国外,从国外回到国内,造纸业一直是张茵的情之所钟,心之所系。

第三章
上市，打开财富之门

　　谁也没有想到，玖龙纸业竟然成为股票市场里杀出来的一匹黑马，其强劲表现以及蕴涵的巨大发展潜力，使得投资者们争先恐后加入购买行列。正当张茵带领玖龙飞速发展之时，百年一遇的金融危机猛烈袭来，造纸业也走到了行业转型的紧要关口，在重重威胁之下，张茵能否带领玖龙纸业渡过难关？

高速扩张,扩大版图

在企业发展的过程中,经营者很容易产生"做大"的情结。"把蛋糕做大"固然是一个正确的发展思路,然而,"做大"容易"避险"难。企业的扩张之路并不是一帆风顺的,在扩张决策的制定、实施以及扩张以后的整合管理过程中,一着不慎,就可能会为企业发展留下难以察觉的隐患,甚至使企业陷入进退维谷的泥淖之中,造成满盘皆输的局面。

然而,不可否认的是,没有扩张,企业的发展壮大就无从谈起。因此,如何在扩张的同时规避风险,就成了所有企业共同面对的一个难题。而张茵在经营玖龙纸业的过程中却以自己的实际行动给出了解决这个问题的巧妙答案。

十年扩张遍及国内外

从1996年成立玖龙纸业开始,张茵就走上了高速扩张之路。我们甚至能够清晰地看到她的扩张轨迹(见表3-1):

表3-1 张茵的扩张轨迹

年份	扩张轨迹
1996年	在东莞成立玖龙纸业,稳固根据地
2002年	北上江苏太仓建成第二个生产基地
2006年	触角延伸到大西南,投资兴建重庆生产基地
2008年	拓展国外经营,建成越南生产基地
2009年	再度北上,天津生产基地投产

1998年7月，玖龙纸业的第一条生产线建成投产，每年能够生产20万吨高档牛卡纸，远远超过了当时同类企业的生产能力。

2000年6月和2002年5月，张茵先后投入巨资在东莞基地建成了两条全新的生产线，每条生产线的年产量都能够达到40万吨，以牛卡纸、白面牛卡纸、环保牛卡纸以及高强度瓦楞纸为主要产品。玖龙纸业由此实现了百万吨产能，并成为了中国造纸业的龙头老大。

2002年，张茵在江苏太仓建立了一个能够实现95万吨产能的生产基地。东莞玖龙的模式搬到了江苏生产基地，竟然没有出现任何水土不服的反应，甚至再造辉煌业绩，令业界大为叹服。

2004年，张茵敏锐地察觉到了国内对高强度瓦楞纸的需求急剧上涨，于是再次大手笔引进了两台年生产量可达20万吨的造纸机，主要生产瓦楞纸，满足国内需求。在引进高新设备的同时，张茵还加快了生产基地的建设。在张茵看来，生产基地就如同航空母舰，只有以此为依托，企业的扩张才能打下根基，真正发挥作用。

到了2005年底的时候，玖龙纸业的产能已经被提升到了300多万吨，实现了在中国市场上17%的占有率。在此之前，晨鸣纸业一直稳居中国造纸业的头把交椅，而玖龙纸业如同一匹杀出来的黑马，异军突起，在极短的时间里就超越了晨鸣纸业，一跃成为全国第一、亚洲第二、世界第八的造纸巨头。这样的扩张速度，实在是令人咋舌。

然而，这只是张茵扩张计划的一小部分而已。2006年，玖龙纸业在重庆的生产基地建成投产，这个位于中国大西南腹地的生产基地很快就发挥出了它的能量，给玖龙纸业的高速发展又增添了一个"发动机"。

2008年，张茵把越南纳入了自己的事业版图，成功拓展国外生产基地。

在此之后，玖龙纸业加快了在中国扩张的步伐。除了在珠江三角洲的东莞、长江三角洲的太仓以及位于西南的重庆等三个地方排兵布阵之外，又把目光瞄向北方重镇天津。2009年,天津生产基地建成投产,初期年产能将达80万吨,并将分阶段逐渐增加到400万吨。

玖龙的下一个生产基地会在哪里?我们不得而知,唯一可以确定的是,张茵的步伐不会停下来,她还会继续自己的扩张之路。

与盲目扩张绝缘

企业在进行扩张的时候,往往剑走偏锋,偏离了自己原来擅长的专业领域,扬短弃长,盲目扩张,进而陷入经营困境之中。这样的例子并不鲜见,其中最为引人关注的莫过于史玉柱的巨人集团。

1989年,史玉柱研究生毕业,以身上仅有的4000元和自行开发的桌面排版印刷系统开始了创业历程,仅用了4个月就赚了100万元。1991年,史玉柱成立了巨人集团,开始了迅猛发展,很快就成为中国第二大民营高科技企业。然而,到了1993年,巨人集团的发展战略开始出现了转移。当时正值全国房地产市场大热,史玉柱认为这对巨人集团来说是个不可多得的机遇,于是决心拓展房地产市场。1994年初,巨人大厦动土。史玉柱最初的设想是建一栋18层的办公楼,然而,随着他自信心的膨胀,这栋楼从18层一直建到了38层、54层、64层甚至70层。最后,史玉柱甚至希望将其建成为珠海的地标性建筑,建成全国最高的大厦。而投资也从原来的2亿元不断增加,一直增加到了12亿元。与此同时,巨人集团还跨入了生物工程产业。由于管理不善,巨人集团旗下的康元公司累计损失高达1亿元,而兴建大厦的资金主要是来自康元公司的收益。然而,不断地抽血使得康元公司也失去了造血功能。到了1996年下半年,巨人集团的资金链断裂,巨人集团轰然倒塌。史玉柱从亿万富豪一下子沦落为"全国最穷的人",他用5年的时间演绎了一个企业盲目扩张致死的经典案例。

然而,张茵的扩张策略与史玉柱"赌徒式"的扩张有着根本性的不同。在扩张的时候,张茵始终保持理性,绝不盲目,跟随需求的增长而扩大产能。更值得一提的是，无论如何扩张，张茵始终坚守在造纸领域，专注于废纸环保造纸，绝不偏离自己的主业。

同时，张茵还明确了一个基本发展思路：追求规模效应，扩大辐射范围，在扩张高峰期过后，把重点放到内部精细化管理方面，使扩张与管理尽量做到协调一致。在这个基本思路的指导下，张茵的扩张一直保持着非常稳健的步伐。

张茵希望将玖龙纸业打造成一个百年企业，她给玖龙指明了发展方向，那就是——在环保造纸领域继续发展并拓展上下游产业链，不断夯实玖龙的根基。

香港上市，股市风云再起

2005年，伴随着张茵的迅速扩张，玖龙纸业的总资产负债率已经攀升到了79.5%。资产负债率指的是一个公司到了年底，负债总额与资产总额之间的比率，它表示在一个公司的总资产中有多少资金是通过负债的途径筹集的。在一个正常运转的公司里，79.5%的总资产负债率是一个十分不平衡的比例。到2005年年底，玖龙纸业的流动负债比流动资产多了将近20亿。这也就意味着，玖龙纸业一年里需要偿还的债务比可以动用的资产多了20亿。

必须要马上解决这一迫在眉睫的难题！

玖龙纸业已经到了生死存亡的紧要关头了。然而，怎么才能在最短的时间里游刃有余地把这个难题解开呢？摆在张茵面前的只有一条路：上市融资！

锁定香港股市

其实，早在2003年，玖龙纸业的老对手理文造纸上市的时候，张茵就深受触动，并清楚地认识到了上市的必要性。然而，当时玖龙纸业还不具备上市融资的条件，因此，上市计划也就一拖再拖了。

既然已经下定了上市的决心，接下来张茵需要思虑的一个问题就是：在哪里上市？是登陆纳斯达克，还是投靠纽交所，抑或是选择香港联交所？这些证券交易所都各有各的优势，但是，张茵在权衡取舍的时候，坚持了这样一个准则：选择最适合自己的。

张茵最终锁定了香港联交所。玖龙纸业主要面向的是中国市场，因此在香港上市，无论是地缘、人员还是语言上都比较相近，而且在文化上也是相通的。不仅如此，香港联交所还聚集了一大批对中国十分了解的分析师，他们掌握中国的市场情况，也熟悉中国企业的特点，因此，往往能够给出中肯而有效的建议。

两年后，张茵受邀参加了由香港贸易发展局主办的以"中国企业的成长与挑战"为主题的CEO论坛，并发表了一篇名为《资本市场，壮大企业自律》的演讲。在这次演讲中，张茵讲述了自己选择在香港上市的原因——

近年来，越来越多的内地企业把香港的证券市场作为海外融资的首要平台，这就是因为在香港证券市场上，有以下几个优势：

第一，香港是一个有效率的、容量大的、全方位的融资市场。不仅大型企业可以在香港上市，中小型企业也可以。不仅国营、国有控股企业可以上市，民营企业也可以。

第二，在香港上市规模规范化、法律化，与国际接轨，企业只要达到香港联交所的要求，就可以无任何顾虑地在想要的时间里完成上市，这是令企业非常轻松的，也是企业最想要的。当然，要做好上市后的准备，要能给投资者带来好的回报，要令企业更有潜力也是企业家要考虑的。

第三，香港证券市场再融资能力非常强大，而且市场知道如何配合企业的需要。上市后，随着企业的发展，企业在有所需要时可以再进行融资。在投资银行的协助下，一般在很短的时间内就能拿到所需要的资金，帮助企业发展。

第四，内地企业通过在香港上市，不仅能借鉴规范企业制度，优化企业结构，同时能促进企业体制改革，转变经营机制，采纳标准的财务制度，使企业与国际接轨。

第五，企业在香港上市有助于提高市值，加强竞争能力，提升企业在国际市场上的形象和地位。另外，香港现在已成为最重要的国际金融中心之一，香港不仅成为中国企业家走出国门，进入国际市场的最好平台，也是国际投资者了解中国金融，投资中国经济的窗口。在这里，不仅中国企业能获得发展资金，提高知名度，获得最好的投资机会，还可以利用地缘、文化缘等优势，以低成本学习国际化市场运作规则与市场文化，以便更快、更稳地打通国际金融市场。

对投资者来说，选择一个好的投资环境是最重要的，因为肥沃的土壤才能结出丰硕的果实。由此可见，张茵之所以选择香港，正是因为香港股市严谨的监管体系和香港经济的稳定性。这也是国内许多企业在上市之际为什么会首选香港的原因。

然而，上市并不是一件轻而易举的事情。玖龙纸业是一家私人企业、家族企业，一直以"人治"为主，规章制度方面并不健全，但香港联交所对于申请上市的企业审核严格，这给张茵和玖龙纸业的整个管理层都带来相当大的压力。张茵必须从头开始规范管理流程、完善企业制度、重组企业结构……每一步都走得异常艰难。

在玖龙上市的准备过程中，香港联交所最为关注的一个问题就是玖龙纸业与美国中南公司之间的关系。对于玖龙纸业来说，中南公司丰富的原料供应无异于为它提供了一个稳固的大后方。香港联交所也认可这一点，并且将其当做玖龙纸业的一个有利优势。然而，如何保证玖龙纸业财务的透明度，对于玖龙纸业的上市来说，是至关重要的一个问题。为此，张茵又开始对这两家公司的账务进行整理，力争在两者之间划出一道清晰的界限。

股市里杀出一匹黑马

2006年3月3日，对于张茵来说，是一个重要的里程碑式的日子。这一天，玖龙纸业顺利地在香港联交所上市。

站在香港主板前，张茵终于绽露出了轻松而又爽朗的笑容。这一路走来，她经历了许许多多的坎坷与挫折，忍受了来自四面八方的非议、怀疑，甚至连睡一个好觉都成了奢望……如今，她终于给自己的创业道路交出了一份满意的答卷，于愿足矣。

不仅如此，玖龙纸业还成为了股市里杀出的一匹黑马——创下了一个令人咋舌的上市神话，成为了中国私人企业中空前绝后的"大盘股"。在经过认真考虑后，张茵决定首次公募计划发售10亿股，每股发行价为3.4港元，获得了577倍的超额认购，一共筹集到了34亿港元的资金。玖龙挂牌当天的收盘价是每股4.75港元，与发售价相比增长了将近40%，成交24.25亿港元。在上市的第一天，玖龙纸业就成为了当日港股表现最为活跃的前二十只股票之一。在股市里不俗的表现充分证明了玖龙纸业的市场实力与发展潜力。

曾令张茵头痛欲裂的负债难题随着公司上市迎刃而解：上市融资募集到的资金使得玖龙纸业的总资产负债率在短短的时间里一下子从79.5%降到了48.7%，流动资产在一天之内就迅速地超过了流动负债。悬在张茵头上的那把达摩克利斯之剑终于移开，玖龙纸业的后顾之忧被解除了，重新恢复了从银行获得贷款融资的能力。

不但如此，玖龙纸业在香港主板的横空出世，还激起了股市的抢购热潮，甚至出现了供不应求的局面。张茵原计划仅在香港发售1亿股，然而市场反应的热烈程度超过了张茵的想象，仅在香港就获得520亿股的购股申请，冻结资金约1770亿港元。

就连很多香港资深企业家也都纷纷出手，这里面就有地产大亨李兆基、珠宝大王郑裕彤、华人富豪郭鹤年，这几位商界巨擘以私人名义投入4.68亿港元认购了玖龙纸业1.37亿新股。这意味着玖龙纸业的股票潜力得到了认可，市场对玫成纸业的信心得到了进一步提升。

玖龙纸业不但在香港资本市场全线飘红，在国外也得到了热捧。据意大利《晚邮报》报道，意大利有18家金融机构争先恐后地认购玖龙纸业的股票。

玖龙纸业就像是冲入股市的一匹黑马，其强劲表现以及蕴涵的巨大发展潜力，使得投资者们争先恐后加入购买行列。仅仅用了半年的时间，玖龙纸业就一跃成为"摩根士丹利资本国际"环球指数、标准指数的成分股，并加入了香港恒生综合指数。之后，玖龙纸业的股价一直稳步上升，表现出可喜的发展势头。

每年在各个证券交易所上市的企业不计其数，为什么偏偏玖龙纸业能取得如此令人惊叹的成功？对此，张茵曾经进行过总结。她认为，玖龙纸业之所以能够大获成功，获得投资者的认可，主要是因为以下几点：

其一，造纸业本身具有一定的成长性，而玖龙纸业恰如其分地顺应了这种成长性；

其二，玖龙纸业以美国中南公司为基础，拥有庞大而稳定的原材料来源；

其三，公司管理层具有的前瞻性的战略眼光，专一的经营理念和超前的环保意识，完善的企业管理制度和配套服务。

资源就是王道。试想，如果玖龙纸业像其他造纸企业一样，只是从事各种纸类的生产，业务单一，那么，香港股票市场怎能对它产生如此浓厚的兴趣？获得投资者青睐的，不只是玖龙纸业这一家企业，还有站在其大后方、为其提供稳固支撑的美国中南公司。而这，正是使张茵在世界造纸市场获得一席之地的商业模式，也是张茵在商场上克敌制胜的"独家武器"。

最牛中介打造资本神话

2011年3月24日举行的香港中国企业协会二十周年庆典上，协会负责人透露，目前内地上市公司已经占香港上市公司总数的42%，市值占香港联合交易所总市值的57%。香港已经成为内地企业家们上市的首选之地，内地企业已经掀起了一波又一波赴港上市的热潮。

而在上市热潮背后推波助澜的，正是那些将资本中介业务经营得风生水起的投资银行家们。

玖龙纸业能够成功上市，打造一个令人称奇的资本神话，也离不开投资银行家的推动。站在张茵背后的，是被称为"中国民营海外上市之父"的蔡洪平。

中国民营海外上市之父——蔡洪平

"江山代有才人出，各领风骚数百年"，近些年来，投资行业新崛起的领军人物是蔡洪平。在过去几年中，中国企业在资本市场上如同一匹又一匹的黑马一样杀了出来，与此同时，蔡洪平也声名鹊起，被业内称为"中国民营海外上市之父"。

出生于1954年的蔡洪平，年轻的时候经历坎坷，他曾下乡务农，后来参军。在那段不幸的岁月里，心怀壮志的他感到生不逢时，生活的艰难令他十分沉闷。当时，他甚至还绝望地产生了跳河自杀的想法。然而，最终他还是坚持着挺了过来,熬到了那个黑暗年代的终结。

1997年,受梁伯韬的邀请,蔡洪平加入了百富勤投资银行,从此开始了在投资界的摸爬滚打。投身投资银行业以来,蔡洪平的名字就与民营企业联系在一起。作为一个投资银行家,他的目光更多地投注到了民营企业这个群体。蔡洪平曾经信心满满地说,在投行界,没有谁比他更了解中国脉搏。1998年,当亚洲金融风暴来袭之时,整个亚洲市场都鸦雀无声,开始沉寂下来。然而,蔡洪平却选择在这个时候促使民营企业恒安国际赴港上市。2002年,当香港股市出现低迷状态的时候,又是蔡洪平大举出击,促成了比亚迪的H股上市,为投资银行业留下了一个经典案例。

2006年是蔡洪平的事业分界线。在此之前,他在投资界虽然已经小有成就、获得了立足之地,但始终声望不足。2006年,蔡洪平加入瑞士银行,执掌瑞银旗下的亚洲投资银行部门。从此之后,他的事业开始走上了快车道。

当年,瑞士银行投行部就一跃成为中国市场股票发行第一名。到了2007年,蔡洪平带领着他的团队完成了中国区47个融资项目,平均下来,几乎每星期都会完成一个项目,几乎将这一年的所有造富故事都包圆了(见表3-2)。

表3-2 蔡洪平2007年造富大事记

时间	事件
4月13日	碧桂园在香港成功上市,其大股东杨惠妍在朝夕之间成为中国第一个身价超过千亿元的富豪
5月31日	江西赛维上市,创始人彭晓峰的身家一下子攀升到了400亿元
7月16日	复星集团上市,创始人郭广昌一举成为中国第三富豪
10月1日	SOHO中国上市,潘石屹家族的总身价跃为500亿元
10月31日	巨人网络上市,史玉柱获得了500亿左右的身家

如此高密度的"造富运动",使得蔡洪平一下子声名鹊起,开始成为投资界炙手可热的人物。有香港媒体甚至说:"如果你想成为富豪,就不能不和老蔡见个面。"蔡洪平因此而被称为"首富制造者"。

2006年玖龙纸业上市,堪称蔡洪平的得意之作,也是蔡洪平在离开老东家百富勤之前为其留下的一笔厚礼。

现在上市是"卖青苗"

虽然业内人士纷纷称蔡洪平为"首富制造者",然而蔡洪平对这个称号却并不十分满意,他更喜欢被叫做"首富园丁"。事实上,在进行投资项目的时候,蔡洪平的表现也确实如同一个"园丁",他十分擅长"种"项目。

在帮助比亚迪上市的时候,这一点就淋漓尽致地体现出来了。早在1999年,蔡洪平就已经对经亚迪产生了浓厚的兴趣,当时的比亚迪只是一家生产锂电池的小企业,然而蔡洪平却敏锐地意识到这家名不见经传的小企业所蕴藏的巨大潜力。之后,蔡洪平就开始像园丁种植花草一样对比亚迪进行跟踪培养。三年后,比亚迪也果然不负所望,在H股成功上市。

蔡洪平敏锐的投资嗅觉和常人无法企及的耐心造就了一段又一段如同比亚迪项目这样的投资佳话,玖龙纸业的上市就是其中之一。

当张茵的玖龙纸业创造的利润以亿计的时候,很多投行都将其锁定在了自己的视线之内。当时,通过各种渠道找到张茵劝说她上市的投资银行家可谓络绎不绝、接连不断。然而张茵心中一直怀有顾虑:作为一家私人企业,自己可进可退,拥有很大的自由度和选择空间;一旦上市,就像给自己加上了一副枷锁,进退不再由自己决定。因此,虽然在当时张茵已经开始为上市动心,却始终没有下定决心。

这个走势越来越被业界看好的潜力股自然也不会逃过蔡洪平的法眼。

于是，他开始与张茵接洽。然而，和其他投资银行家不同的是，蔡洪平的目的并不是为了劝服张茵上市，而是建议张茵暂时不要上市。蔡洪平告诉张茵：现在上市的话，与"卖青苗"没有什么两样。

张茵已经听惯了投资银行家们异口同声的"上市"说法，乍一听到蔡洪平的相反意见，感到很惊讶、也很新鲜。然而，听蔡洪平说完理由，张茵彻底信服了。

实现了1亿利润的玖龙纸业为什么还不到上市的最好时机？蔡洪平是这样认为的：

第一，玖龙纸业始终处于高速增长阶段。一亿的利润对于玖龙纸业来说并不高，从其巨大的潜力来看，玖龙纸业一定能够创造更高的利润。

第二，张茵的战略布局始终局限在珠江三角洲一带，辐射范围较窄。而在中国的另一个经济圈长江三角洲，玖龙纸业并未建立生产基地，上市概念不完整。

蔡洪平还给张茵提出了两个中肯的建议：一是等到玖龙纸业实现6亿元利润的时候，再考虑上市的事；二是拓展长江三角洲区域业务，借出口龙头之力，使玖龙纸业的业务范围进一步扩大，根基更牢固。

此时，蔡洪平已经把玖龙纸业当成了自己"花园"里的一株好苗子，打算好好培养，使它成长为硕果累累的参天大树。根据他对中国目前产业结构的观察与分析，他给玖龙纸业下了这样一个结论：不鸣则已，一鸣必然惊人。

道理其实很简单，中国作为一个出口大国，年出口额以万亿计，不管出口的是什么产品，有一样东西都是必不可少的——包装箱。随着出口量的增加，对包装箱的需求也会出现大幅度上升。而玖龙纸业在造纸业稳坐头把交椅，市场前景可谓无限光明，因此，其上市受到股市的热捧也就是意料之中的事情了。

事实证明，蔡洪平的判断是正确的。从2004年开始，中国出口就开始发力，先是超越了商业发达的邻国日本，3年之后，又把美国甩在了身后。到了2009年，中国的出口额已经超过了德国，一举成为世界第一商品出口国，出口额占据了全球总出口额的1/10。每年都有冰箱、洗衣机、电视、电脑源源不断地从中国运往世界各地。与此同时，对包装箱的需求也借着这股东风得到了迅猛的上升。当然，这已经是后话了。

张茵接受了蔡洪平的意见，暂缓上市，转而大力发展自己的企业，为不久后的上市蓄积力量。这一等，就是6年。

2006年3月3日，在蔡洪平的推动之下，玖龙纸业终于在香港联交所上市。

金融危机中逆市而上

1996年，张茵在东莞投资建立了玖龙纸业，第二年，亚洲金融危机突然爆发，公司受到了严峻的考验。由于刚成立不久，各种规章制度尚未完善，对危机管理的重视程度也不够，玖龙纸业差点在1997年的那场金融危机中死去。所幸，张茵是从大风大浪里闯过来的，在她的带领之下，玖龙纸业最终熬过了这一轮危机。

十年之后的2008年，百年一遇的金融危机再度袭来，从亚洲金融危机中幸免于难的张茵，是否能够在这场席卷全球的金融危机中安然过关？

暴风雨之前的宁静

上市以来，玖龙纸业的发展一直顺风顺水。到了2007年，张茵的事业版图已经拓展到了全国各地，在广东、江苏、重庆、天津等地建成或者正在兴建生产基地。以遍布全国的生产基地为依托，以丰富的废纸资源为原料保障，以及美国中南公司支撑作用的充分发挥，玖龙纸业已经形成了一套卓有成效的战略体系，稳步迈向新的目标。

此时的张茵信心满满，她为玖龙纸业规划了一条全新的发展道路——建设林浆纸一体化的产业链，走资源性发展之路。

造纸的生产流程，是培育速生林，用速生林制造纸浆，再用纸浆制成纸。对于造纸企业来说，上游产业为纸浆市场，整个产业链的利润主要集中于土地、林、浆、纸等环节，并在这些环节里进行分配，其中利润最高的环节就是林业。然而，玖龙纸业甚至国内大多数造纸企业都将自己的主要侧重点放在了造纸环节，这就为其带来了发展瓶颈。

在经营过程中，张茵逐渐认识到了这一点。她对国外市场进行考察的时候，发现在当前的国际造纸市场上已经出现了新的趋向，那就是林浆纸一体化循环发展。这种发展模式不但能够解决造纸过程中遇到的原料瓶颈，掌握大量上游资源，也使企业从依靠规模效应降低造纸成本走向对原料林浆的控制，从而提高核心竞争力。

因此，张茵决定借鉴世界发达国家造纸工业的经验，着力于拓展速生丰产原料林基地的建设，并将自己的目光锁定在林业资源丰富的内蒙古林区。她在这里建成了一个大型林浆生产基地，希望把造林、制浆、造纸、销售这几个环节结合起来，建立一条环保、高效的产业链，形成以纸养林、以林促纸的产业格局。

然而，当令人憧憬的纸业蓝图绘制到关键时刻之时，当张茵准备投入人力、物力、财力大干一场，使玖龙纸业的发展再上一个新的台阶之时，一场灾难性的金融危机从美国蔓延到了全球。

金融危机来袭

2007年，美国次贷危机骤然爆发，虽然美国政府一再推出补救措施，但始终无济于事。危机不断升级,并呈现出燎原之势。

如果说此时的中国企业还能够对这场次贷危机隔岸观火、暗自庆幸,那么,到了2008年下半年,就没有人能笑得出来了。这场由次贷危机引发的金融风暴将"蝴蝶效应"诠释得淋漓尽致,在这场由华尔街的"蝴蝶"抖动翅膀发展而来的飓风之中,谁都不能幸免于难。

在美国和中国都拥有产业的张茵,对这场金融危机更是感同身受,她被卷进了这场漩涡之中,苦苦挣扎。张茵曾经坦言,在2008年中期,尤其是到了九十月份的时候,每次回到办公室,她的心情都非常沉重,甚至连走路都觉得举步维艰。在这场金融危机中,张茵所面临的巨大压力超出了常人的想象。

如今,我们要想更深入地了解张茵当时的处境,就要首先了解这场风暴乍起之时整个造纸业所面临的大环境。从这个行业背景中,我们也能窥见当时中国经济的总体脉络之一斑。

从2008年9月开始,金融危机蔓延到了全球,使世界各国经济都受到了严重打击,中国各行各业也面临自改革开放以来最为严峻的考验,造纸行业也未能逃脱。长久以来,我国造纸行业一直处于成长期,其最主要的特征就是国内纸制品的生产量与消费量相比,明显偏低,每年的对外贸易都以逆差收场。

然而,经过了几年的迅猛发展,到了2007年,这个局面终于被扭转过来。当年,我国纸制品以及纸板产量实现了7350万吨,而当时国内的消费量为7290吨,生产量第一次超过了消费量。与此同时,我国的纸张出口量为476万吨,进口量则是402万吨,第一次出现了贸易顺差。到了2008年,根据国家统计局的统计,我国纸制品生产量突破了8000万吨的大关,实现了飞跃性的发展,一举超跃美国,成为全球第一纸品生产国。

2008年,中国纸业到达了一个顶峰,这无疑是令人欢欣鼓舞的,然而,处于鼎盛时期的中国纸业却必须要面对一个新的问题,那就是产能过剩。这一问题在金融危机盛行时期表现得更为明显。受到金融风暴的影响，我国的各大造纸企业纷纷出现了销售量大幅度下降，库存积压严重的情况。张茵的玖龙纸业就曾经因此开始大量裁员，坊间甚至出现了玖龙纸业"申请破产"的传言。

更为严重的问题是，在接下来的三年，伴随着造纸企业兴建的工厂、生产基地相继完工投产，国内造纸行业的产能还处于不断攀升的状态之中。我们能够看到，造纸行业供大于求的状况在很长一段时期里还会持续下去，甚至还会加剧。

面对如此严峻的形势，中国造纸行业可谓是风声鹤唳、哀鸿遍野，而张茵作为行业里的领军人物，也切身感受到了身处高峰的彻骨"寒冷"。

无声的攻坚战

安然度过金融危机以后，张茵曾经专门拿出时间来总结这场残酷的战斗，每每回忆起那些不见硝烟却身处血雨腥风中的日子，张茵总是感慨万分。在她看来，2008～2009年是深受金融风暴侵扰的一年，也是她学习最多、进步最快的一年。这一年，张茵可说是举步维艰，其困难程度无异于又一次创业。对于金融危机中的这场"硬仗"，用"无声的攻坚战"来形容实在是再贴切不过。

玖龙纸业以包装纸作为主要产品，客户群主要是那些大型消费品工厂，这些企业对于包装纸的消耗能力是巨大的，曾经为玖龙纸业带来了巨大的经济利润。然而，在金融危机的袭击之下，这些消费品工厂往往首当其冲成为金融危机最直接也是最严重的受害者。2008年，一些企业逐渐开始减产、停产，有些甚至不得不破产以避免更大的损失。

当时张茵听到的最多的消息，不是这里的工厂停产了，就是那里的企业关门了。张茵清楚地知道这些消息意味着什么——玖龙纸业的客户正在以一种迅雷不及掩耳的速度流失着。如果说玖龙纸业曾经在市场上拥有一块令人垂涎三尺的蛋糕,那么,在金融危机中,这块美味的蛋糕已经变成了一支雪糕,融化消失已经成为一种无法避免的趋势。在玖龙纸业甚至整个造纸行业,一时间人心惶惶、万马齐喑。

2008年7月发生的一个事件给张茵敲响了警钟,使她不得不开始求变。玖龙纸业在生产中要用到某种化工原料,这种原料原本一直处于供不应求的情况,它的短缺曾经是玖龙纸业一个难以克服的瓶颈。然而,在那段时间里,这种化工原料却出现了十分异常的变动——它一反常态,骤然出现大幅降价。张茵并没有因为这个信息而感到喜悦,相反,她敏锐地意识到:市场已经开始出现大问题了,而且,问题已经逐渐浮出了水面。如果不及时采取措施,企业即将面对的,是市场无情地吞噬。

张茵在得到这一消息的第一时间就把玖龙纸业的管理层召集到自己的办公室里,进行商讨。她对丈夫刘名中和当时担任行政副总裁的弟弟张成飞说,必须立刻转变经营策略,一刻也不能拖延!

玖龙纸业最艰难的一场攻坚战悄无声息地打响了。

为了应对日益严峻的市场形势,张茵首先决定对销售和采购政策进行调整,压缩采购周期,尽可能减少冗余而又复杂的中间环节,最大限度地规避风险。

在金融危机爆发前,玖龙纸业的采购周期一直保持在32天左右,但在瞬息万变的危机关头,这个周期则显得太长,会增加风险系数,于是,张茵要求尽可能缩短这个周期。一开始,负责采购的人员纷纷叫苦连天,认为这是不可能完成的任务。采购工作涉及的范围广、难度大,需要充足的时间保证,尤其是对于玖龙纸业这样的大型企业来说,更是难上加难。张茵并不是不了解这一点,然而,不缩短采购周期,企业就会面临更艰难的时刻。于是,她苦口婆心地和员工沟通,坦诚地告诉他们企业目前面临的困境,把道理掰开了揉碎了讲给他们听。

沟通带来信任,张茵的开诚布公赢得了员工的理解与支持,他们把自己的抱怨与苦水纷纷咽到了肚子里，开始绞尽脑汁地去完成这个"不可能完成的任务"。事在人为，经过张茵与员工的共同努力，采购周期最终缩减为7天，为玖龙纸业度过金融危机赢得了更多的时间。

与此同时，公司里的各个部门、各个员工都被动员了起来，采购部、销售部以及内部生产线之间加强了协调和配合，将产品的库存量缩减到15天以内，主要原材料的库存量也控制在36天以内。这样，原材料及库存都降到了最低水平，不但降低了生产成本，还提高了生产效率。生产部门根据客户的需求适时对生产计划进行良性调节，使其更加具有灵活性。

"上下同心，其利断金。"玖龙纸业能够经受住金融危机的侵袭，不仅得益于张茵的英明决策，很大程度上也要归功于上下一心的强大企业凝聚力。

金融危机之前，玖龙纸业的产品一半内销，一半外销。金融危机之后，外销变得越来越困难。于是，玖龙纸业开始着手实施销售体系的转变，由对外转向对内，把国内市场作为库存的主要消化方向。为此，张茵把主要精力用于开发国内市场。后来，玖龙纸业甚至将内销的比例提高到了80%以上。为了适应国内市场的需求，玖龙纸业还以最快的速度开发了一大批新型产品。

同样的转变也发生在废纸原材料的采购方面。在此之前，玖龙纸业以美国中南公司为依托，采用的大部分原材料都是从美国进口的。然而，随着美国经济日益不景气，中南公司的经营也受到了冲击。在这样的情况下，张茵开始从本土取"材"，加大国内废纸资源的收购力度，以国内废纸作为生产基地的主要原材料。

这段时间，玖龙纸业还遇到了一个难得的机遇——政府开始重点对中小造纸厂进行整顿治理，并出台了一系列政策。张茵抓住了这次有利时机，加快了抢占市场份额的进度，进一步扩大了玖龙纸业的版图。

2008年，对于中国造纸业来说，是悲喜交加的一年；对于张茵来说，更是在市场中沉浮、在输赢间博弈的一年。借用狄更斯在《双城记》里所说的那句话——"这是一个最好的时代，也是一个最坏的时代；这是一个智慧的时代，也是一个愚蠢的时代；这是一个信仰的时代，也是一个怀疑的时代；这是一个光明的季节，也是一个黑暗的季节；这是希望之春，也是失望之冬。"或许，这就是对2008年最完美的诠释。

2009年9月，玖龙纸业发布了本年度的财报。在金融危机导致全球经济都开始出现滑坡的大环境之下，玖龙纸业在上半财年也出现了衰退迹象，赢利只有3.23亿元；然而，得益于张茵采取的一系列强有力的措施，下半财年玖龙纸业经营状况迅速好转，赢利大幅度提升，获得了13.38亿元的利润，增长幅度高达414%，成为业内一大奇迹。

当金融危机的硝烟终于散尽，市场会告诉人们谁才是真正的赢家。在玖龙纸业的股价一跌千里的时候，外界对张茵议论纷纷，质疑者有之，批评者有之，斥骂者更有之。然而，张茵只留下了一句话："5年以后再来看玖龙，我会用时间来证明我是对还是错，来日方长。"是的，只有时间才能给我们答案，关于玖龙纸业的未来，让我们拭目以待。

纸业转型期的危与机

中冶集团将岳阳纸业旗下的泰格林纸收至麾下希望打造新的大型纸业集团；山东华泰纸业以每股1元的价格收购诺斯克纸业100%股权成为全球最大新闻纸生产基地；华泰股份与博汇纸业实现再融资开始拓展新项目；宁夏美利纸业停牌等待大股东注资整合……2009年以来，造纸业的并购、重组频频出现，真是一波未平一波又起。

一系列迹象都表明，在经历了2008年金融危机的考验之后，造纸业步入了战略转型期。在战略转型期里，造纸企业不仅面临着来自于各方面的挑战，也迎来了对产能格局重新进行分配的重要机遇。

面对战略转型期，玖龙纸业将何去何从？这成为摆在张茵面前的又一道难题。

中国纸业的内外挑战

借着国内经济高速发展的东风，到2008年，中国纸业已经进入了发展的鼎盛时期，出口量远胜于进口量，产量一跃成为世界第一。

然而，迅猛发展在为中国纸业带来良好收益的同时，也带来了诸多挑战。

为了扭转中国纸业雄霸世界市场的局面，欧美国家开始采取各种各样的手段。它们惯用的手法无怪乎以下两种：

一是构建贸易壁垒。通过"双反"，也就是反倾销和反补贴等贸易手段形成一道牢不可破的贸易壁垒，从而削弱中国纸类产品对其本地产品的竞争优势；

二是指责中国的纸类产品是"非法砍伐"所得，利用人们的环保意识使零售商和消费者拒绝购买中国纸类产品。

作为传统造纸强国，欧美国家已经形成了强势地位，拥有强有力的制约能力，因此给中国纸业带来了极大的伤害。

中国纸业不但面临着国际市场施加的压力，内部也存在着各种挑战，比如当前造纸业存在七对激烈的矛盾：

一是原料成本与产品价格之间的矛盾；

二是先进技术与性能价格之间的矛盾；

三是投资热度与产能过剩之间的矛盾；

四是林地私有与集约经营之间的矛盾；

五是用纸需求量增长与资源有限性之间的矛盾；

六是中央政策与地方执行力度之间的矛盾；

七是中国崛起与世界市场之间的矛盾。

这些都是导致中国纸业形势日益复杂、变幻莫测的诱因。内外交困使中国纸业处在一个举步维艰的境地——国内市场趋于饱和，而国外市场又壁垒重重，造纸业后续发展难以为继。

由此，中国纸业的战略转型已经迫在眉睫。

在困境中挣扎

中国纸业大环境的恶化必然会使行业内的每一分子都受到严重的影响，玖龙纸业也无法幸免。

从2007年中期开始，玖龙纸业的业绩不断滑坡，甚至有传言说玖龙纸业已经面临破产。虽然张茵立即对此进行了澄清，但此后玖龙纸业爆出的大裁员、拖欠工程款等新闻还是从侧面说明了张茵的资金链已经出现了一些问题，玖龙纸业的发展确实遇到了难以克服的瓶颈。此外，来自各方面的怀疑也蜂拥而至，银行要求对玖龙纸业进行实地考察，工程队要求立刻结账……这些都使张茵陷入了焦头烂额的困境中。

与之相应，玖龙纸业的股价也在这一年的时间里从每股26.75港元迅速跌落到了每股0.7港元，跌幅达97.3%！导致玖龙纸业的股价"飞流直下三千尺"的原因到底是什么？

最坏的时刻已经过去

玖龙纸业之所以陷入到这样的困境之中，固然与纸业转型期的大环境有关，但在一定程度上，也与张茵在上市之后进行的疯狂的金融资本扩张脱不了干系。

2006年，玖龙纸业上市之初，股价大涨，备受青睐，可以说风光无限。张茵认为，对于一个企业来说，融资上市是一个非常有利的发展契机。企业不再只能依靠自身的积累和银行贷款来谋求发展，而是可以充分利用上市这个广阔的平台，获得充足的资金，去把企业做大做强。因此，上市后的张茵开始高歌猛进，在资本市场频频进行大手笔的融资举措。这种资本扩张速度不可避免地会使资金链绷紧，甚至到了崩溃的边缘。

发现了问题的症结之后，张茵开始对玖龙纸业的资金链进行适当地调整，希望尽快摆脱困境。张茵首先对玖龙纸业的管理体制和财务制度进行完善。在上市之前，出于登陆资本市场的需要，这些工作已经初步完成，并且卓有成效。然而上市以后，伴随着企业的发展，张茵逐渐意识到了自己的企业在这些制度上依然存在着不足之处。于是，对其进一步优化就成了当务之急。

与此同时，张茵还暂时停下了扩张的步伐，她开始将大量的资源投放于对现有造纸机运营的巩固上，并对扩厂计划进行了修改。比如，天津基地推迟到2009年年中投产；同时尽可能大幅度缩减资本开支。这一切都说明张茵在为摆脱对融资的过分依赖而努力。

2009年以来，中央为了刺激经济发展，出台了一系列促进内需的政策，张茵抓住这个机会，迅速将玖龙纸业在国内的销售额占企业销售总额的比例提高到了接近80%。与此同时，废纸价格的大幅度下降，也使玖龙纸业的生产成本得以降低，公司毛利率开始出现回升。

除此之外，2008年冬，张茵宣布将5年后到期的3亿美元优先票据中的5.4%进行回购；2009年2月又委托美林证券对其余2.84亿美元优先票据进行回购，出价是有关票据面值折让至少47%，持有人售出有关票据，每千美元票据，可以获530美元加利息。玖龙纸业以内部资源来支付这笔巨款。接连而来的减债行动，使张茵得以清除玖龙纸业全部外汇贷款，只剩下国内银行的借贷，从而使玖龙纸业的财务危机获得了有效缓解。

2009年上半年，刚参加完"两会"的张茵对媒体宣布，玖龙纸业在2009年第一季度已经实现了生产与销售之间的平衡，最坏的时刻已经过去了。

第四章
横空出世的中国女首富

2006年,张茵以270亿的身价击败众多实力强劲的男性对手,成为胡润百富榜上第一位女首富。在一贯由男性主导的财富世界里,张茵的成功,为女性赢得了一席之地,颠覆了中国传统的财富格局。

与胡润的交锋

2006年10月,被称为中国财富观象仪的胡润百富榜第八次发榜,这份榜单一经面世,就牵动了亿万人眼球,受到了全国乃至全世界的诸多关注。

令人难以置信的是,这一年,登顶榜首的既不是连续两届蝉联冠军的国美掌门人黄光裕,也不是曾被《福布斯》杂志评为中国内地首富的中信泰富董事长荣智健,而是以"回收废纸"起家的女企业家——"造纸女王"张茵。她以270亿的身价从众多实力强劲的男性对手中脱颖而出,成为胡润百富榜上第一位女首富。张茵的成功,突破了男性把持财富世界的格局,在商海中为女性赢得了一席之地。

胡润百富榜的前世今生

要想了解张茵的首富之路,就要从胡润百富榜开始说起。如果不是胡润百富榜把张茵挖掘了出来,将她推到了财富的舞台之上,也许张茵现在还不为人知。

对于中国商界乃至普通老百姓来说,胡润百富榜可谓家喻户晓。如今的胡润百富榜,已经成为记录中国财富史的一种形式。2005年,英国人胡润首创百富榜的这一举动被《中国企业家》评为"改变中国商业史的20个关键时刻之一"。然而,从1999年创立百富榜,创始人胡润走过了一段艰难的"创榜"历程。

1970年出生于卢森堡的胡润对于中国一直怀有深厚的兴趣,曾经到中国人民大学学习汉语。在中国期间,他目睹了中国经济的飞速发展,且尤为关注富豪群体的崛起。在不断地探索过程中，他开始思考这样一个问题：在现代中国，企业家的财富是通过怎样的途径积累起来的？如今的中国富豪们，是一群什么样的人？他们是如何实现从普通人甚至穷人到巨富的演变的？

为了解开自己心中的疑惑，胡润从1999年开始着手进行调查准备。当时，正值中华人民共和国成立50周年之际，胡润心中萌生了一个念头——"50年，50人"，对中国改革开放30年来富豪阶层的巨大变化进行探究、总结。胡润投入了大量时间，翻阅了数百份商业刊物以及上市公司的报表，历尽千辛万苦终于排出了第一份中国财富排行榜。

第一份榜单是在图书馆诞生的，当时胡润考虑是否应该将这份榜单公布于众。为此，他还向自己的父亲求助，希望他能够给自己一些建议。父亲告诉他，他有两个选择，一是自己保留这份榜单，因为这是他的心血凝聚而成的，是十分宝贵的；二是公布这份榜单，当它进入到大众的视野后，会获得更多人的帮助，使它更为完善。仔细斟酌之后，胡润选择了后者。

后来，有很多人认为胡润之所以会公开这份榜单，是为了出名。胡润从不否认这一点，因为在他看来，将榜单公之于众，是为了把它做得更好。

要提高这份榜单的知名度，必须找到一条广为人知而且影响力深远的传播渠道。为此，胡润回到自己的家乡英国，开始寻找强有力的合作媒体。在比较、权衡之后，他将目光锁定在《商业周刊》、《经济学人》、《金融时报》、《福布斯》等在财经方面具有深远影响的媒体，并积极与它们进行联络。然而，在当时，类似的排行榜还属于新鲜事物，谁也预料不到这份榜单将会带来什么。因此，很长一段时间里，胡润发出的传真如石沉大海，杳无音讯。

最终，《福布斯》接住了胡润抛去的橄榄枝。这份榜单一经《福布斯》

发布，立即引起了人们的广泛兴趣，获得了意想不到的关注。胡润百富榜与《福布斯》实现了互相成就。对于胡润来说，这份榜单得到了具有全球影响力的《福布斯》的承认，增加了权威性和知名度；而对于《福布斯》来说，打开中国市场一直是其努力的一个方向，胡润百富榜恰好为其提供了一个契机。第二年，《福布斯》又邀请胡润来合作完成"中国50人财富人物排行榜"。

2001年，胡润被特约为《福布斯》杂志中国首席调研员，开始以调查、统计富豪榜为自己的专职工作，并且逐渐在中国获得了一些声誉。1999年，在制定榜单的过程中，胡润未能与任何一个富豪获得联系，然而到了2001年，榜上的1/3以上的人都愿意与胡润见一见。从那时起，胡润就被视为《福布斯》在中国的代言人，《福布斯》中国富豪排行榜也越来越受到中国人的认可。

然而，此时胡润与《福布斯》的关系却开始出现了一些微妙的变化。一直在《福布斯》的树荫下乘凉的胡润开始考虑"胡润"这两个字的商业潜能。2002年，胡润编写了一本关于中国百富的书，希望能够获得福布斯的许可，冠以"福布斯"之名。然而《福布斯》拒绝了胡润的这一要求。迫不得已之下，胡润想将这本书命名为《胡润制造》，但最终出版方还是将这本书命名为《福布斯2002中国百富》。

《福布斯》方面对此反应十分强烈，甚至发来了律师函，言辞激烈地要求胡润停止冒用"福布斯"的名义。这本书将胡润与《福布斯》引到了决裂的道路上。后来，《福布斯》宣布将在中国成立办事处，并且制订了一个关于拓展中国市场的商业计划，而胡润则被炒了鱿鱼。

与《福布斯》分道扬镳之后，胡润并没有就此低沉下去，他早就做好了"单干"的充足准备。2002年底，胡润在香港成立了亚润智源公司，开始以"胡润"为主打，胡润百富榜从此成为了一个独立品牌，并不断扩大影响力，逐渐发展成为追踪记录中国企业家群体变化的权威机构。

发现女首富张茵

当张茵被胡润百富榜发掘，一跃成为中国第一位女首富之后，媒体开始对其进行铺天盖地的采访与评论。许多记者赶赴东莞，希望在张茵的发迹之地挖出一些"猛料"，给自己的刊物增加一些出彩之处。然而，在当地许多企业走访的时候，提及张茵，很多人却表现得十分茫然，对这位新晋升为"首富"的人一无所知。

连自己家乡的人都不了解这位女富豪，更遑论张茵在全国范围内的知名度了。由此我们也能够看出，张茵是何等低调。

胡润是怎样将张茵这颗深深掩藏在石堆里的金子挖掘出来的？在胡润百富榜的制作过程中，收集候选人是最为艰难的一步。要从茫茫人海中发现那些不为人知的巨富，是一件堪比登天之难的事情。胡润百富榜主要通过四种渠道来进行候选人信息的收集：

一、国内外所有媒体的报道，从这些报道中发掘有用的信息；

二、世界所有股市交易所的公告，中国创业板、香港联交所、纳斯达克、纽约股票交易所乃至新加坡、伦敦、悉尼、多伦多等证券市场统统都在关注范围之内；

三、实地调查走访，与全国各地的企业家协会、媒体、政府机关甚至很多普通百姓进行密切联系、交流，及时了解信息；

四、自身构建的遍及全国的信息网络和完备的数据库，并派专人对其进行即时更新。

张茵就是通过第三种途径进入到胡润的视线中的。早在2003年，胡润百富榜的调查员在实地调查时，就听闻在广东东莞有一个女企业家，产业遍及海内外，却始终保持低调，鲜少接受媒体采访报道。

胡润在获知这个消息后，立刻委派人手对张茵以及玖龙纸业进行调研。当时，张茵的公司还没有上市，属于私人企业，因此，调查起来难度十分大，各种数据十分匮乏。尽管如此，胡润百富榜依然发现了张茵背后庞大的产业线，并认识到了其中隐藏的巨大财富。

当年，胡润就将张茵列入了的百富榜候选人名单。

想跟胡润对簿公堂

2003年10月初，胡润百富榜初步制作完成，胡润给上榜的各个企业家发了邮件，请他们与自己配合，对统计的相关信息进行核实。

身处榜单之上的张茵也收到了胡润的邮件。为了确保万一，胡润还给张茵的丈夫刘名中、助手菲利普也发了邮件，希望他们对榜单上关于张茵和玖龙纸业的数据进行检查，以增加数据的准确性。

张茵看到邮件以后，心中涌起的第一反应是不安。中国人一直有"藏富"的传统，张茵也不例外。藏富既是为了避开仇富的目光，也是出于对"枪打出头鸟"的担忧。因此，张茵与刘名中经过认真讨论之后，作出了"不上榜"的决定。

第二天，刘名中果断地给胡润回了一封邮件，非常含蓄地表示了拒绝："贵公司关于中国大陆百富榜的传真已经收悉，在此表示感谢。经过研究，有关贵公司要求敝公司给予答复的内容，我公司不考虑出版。谢谢！"

因为刘名中是用中文给胡润回的邮件，张茵担心胡润这个外国人看不懂，于是2003年10月6日，她又让自己的助手菲利普给胡润回了一封英文邮件，再次申明自己"不同意发布任何关于我们的信息"的态度，要求胡润"后果自负"。

刘名中随之也再度给胡润发了一封英文邮件，在这封邮件里，他的态度发生了明显的变化，措辞更为坚决，称"我们是一家私人公司，请尊重我们的隐私。如果未获得我们的同意而擅自发布与我们有关的任何信息和数据，就只能在公堂上相见了"。

自从胡润推出百富榜以来,富豪们拒绝上榜的情况层出不穷,早在2000年的时候,胡润就收到过任正非所在的华为公司发来的律师函。但是胡润百富榜从来不会事先征得榜单上富豪的同意,客观是胡润始终坚持的一个工作原则。

2003年10月20日,这一年的"胡润百富榜"正式发布,张茵以25亿的身家名列胡润百富榜第十七位。

当然,张茵也并没有因此对胡润提起诉讼。当年的胡润百富榜远没有今天这样广泛的影响力,而且,那一年,网易创始人丁磊的个人财富随着网易股价的飙升而迅猛增长,一举晋升为当年的首富。媒体的镁光灯都被吸引到了这位新晋"中国网络首富"身上,而位置并不靠前、一直沉默低调的张茵并没有获得太多的关注。

当时,谁也没有预料到,三年后的张茵会荣登"首富"的宝座,成为榜上第一位女首富。

"纸"里包不住富

从当年的区区3万元到成为女首富时的270亿,张茵只用了21年的时间,就实现了90万倍的财富增值。从"收废品的"到"女首富",张茵的地位也有了翻天覆地的变化。纸里包不住"富",在胡润的不懈努力之下,张茵的财富故事带着浓厚的传奇色彩,走进了人们的视野之中。

默默无闻的女首富

2006年10月11日,在无数人的期待之中,胡润百富榜发布会在上海浦东国际会议中心召开。台下早早就坐满了熙熙攘攘的人,人们都在等待着，希望亲眼见证一个新的中国首富诞生。

胡润犹如闲庭信步般走上了主席台，他看着人们焦急期盼的表情，却狡黠地卖了一个关子："在发榜之前，我要先问一下，有谁知道张茵?"台下立刻响起了一片议论之声，过了好一会儿，整个会场上只有两三个人举起了手。

"她就是拥有270亿身价的女首富!"，胡润大声宣布。接下来，胡润又给了张茵极高的评价："张茵不只是中国首富，也是全球白手起家的女性中挣钱最多的。"

胡润还把张茵与享誉海内外的两位财富女性进行了比较。她们一个是美国著名的脱口秀主持人奥普拉，这一年她的财富积累到了15亿美元；另一个是风靡一时的小说《哈利·波特》的作者罗琳，2006年，她的资产总额达到了10亿美元，而张茵的身价比她们高出了许多倍。

胡润百富榜一发布，原来在国内默默无闻的张茵，一下子被推到了舆论的风口浪尖上。排在世界富豪榜上的大多数女性，都是通过继承遗产或者夫妻共同创业、共享财富的方式出现在财富舞台上的，比如拥有240亿美元身家的克里斯蒂·沃尔顿，她是沃尔玛继承人约翰·沃尔顿的遗孀，并因此成为"最富女人"。而张茵能获得今天的财富，完全是凭借自己的打拼。

其实，在2006年胡润百富榜发布之前，胡润就曾经给张茵打过电话，提醒她这一年的排名可能会十分靠前，张茵对此并没有太大的反应。在电话中，胡润还希望在百富榜发布前对张茵进行一次专访，这一次，张茵没有丝毫犹豫就答应了。这也是一直坚持低调风格的张茵第一次接受国内媒体的采访。

登上首富宝座

胡润百富榜发布之前，张茵正在欧洲进行半年报路演。那一天，她刚刚结束了工作,回到洛杉矶。公司的一个管理人员看到她,兴致勃勃地告诉她这个消息。然而,张茵并没有露出兴奋的表情,而是一如既往地淡定,仿佛刚刚登上首富宝座的那个人并不是自己。

事实上,在张茵创业的整个过程中,不管是遇到了惊涛骇浪,还是重大利好,她都能始终保持波澜不惊的心态。正是这种"不以物喜,不以己悲"的笃定心态,使她的公司始终保持着稳健的发展势头。

在获得胡润百富榜首富的称号之后,国内外的报纸杂志都毫不吝啬地把自己的版面给了这个传奇女子。刘名中精通多种语言,他甚至在巴西媒体上看到了关于中国女首富张茵的详细报道。连CNN、BBC也都在滚动播出关于张茵的新闻。在此之前,张茵乘坐飞机时,很少有人注意这个看起来十分普通的女人,也没人想到她竟然拥有百亿产业;可榜单发布之后,连空姐都会主动走过来,问她是不是张小姐,并且满怀期望地要求与她合影。此时,张茵深切地感受到了"首富"这两个字的新闻效应。

张茵之所以能够成为2006年中国首富,从一定程度上说,要归功于资本市场的"放大"作用。2003年,张茵在当年的百富榜中只排到了第十七位,然而,三年以后,凭借玖龙纸业在香港的顺利上市,张茵的资产也从之前的25亿跃升到了270亿。

即使在成为首富以后,张茵依然没有改变自己低调的风格,她还是保持着很低的曝光率,也不轻易接受媒体采访。"首富"这个称号并没有给她的生活带来什么变化。她的穿着依旧十分朴实,生活也如同以前一样简单而又规律。为了工作,她还是会四处奔波忙碌;有空闲的时候,她还是会到工厂车间里同工人聊聊天。在张茵看来,"首富"并不是自己的荣誉,而是全体玖龙员工的荣誉,更是社会对玖龙纸业多年来良好业绩的一种认可,同时也是玖龙纸业股票价值的一种体现。

在最传统行业寻找"蓝海"

造纸术是中国古代四大发明之一,给人类文明带来了深远的影响,张茵所从事的造纸业可以说是三百六十五行里最为传统的一种行业。最传统的行业造就了最富有的女性,是对 2006 年胡润百富榜的最佳诠释。

从废纸大王到造纸大王

2002 年,荣获"首富"这一桂冠的是拥有红色家族背景、凭借红色资本实现民族企业家巅峰的荣智健;2003 年,这一称号被率先抓住互联网发展契机、网络科技的先驱者丁磊收入囊中;2004 年和 2005 年,零售业霸主黄光裕两度登顶财富巅峰,蝉联首富。然而,我们从未想到,在最传统而又最不起眼的行业里,也能孕育出中国首富。

人们都把张茵当做"废纸大王",而实际上,这是对张茵的一种误读。张茵在接受采访的时候,曾经说道:"如果我一直做原料,今天可能我做得再好也只是个'废纸大王',无法坐到首富的位置,也不可能使公司发展成为拥有 500 多亿市值的公司。"

实际上,并不是收废纸将张茵推到了首富的位置,而是用废纸造纸这个商业模式使张茵最终走上了首富这个宝座。在现代商业社会,商业模式已经成为了一个时时被创业者以及企业管理者挂在嘴边的词语,商业模式对于一个企业而言,就像人的基因密码一样重要,直接决定了企业的发展命运以及最终的结局。张茵的成功之处正在于她找到了适合并能够促进自己企业发展的商业模式。

张茵的商业模式很简单:她以极其低廉的价格在废纸资源丰富的美国

收购废纸，然后以廉价的运费运输到中国，再利用国内在土地、能源以及劳动力等方面的优势，以最低的成本生产出紧缺的产品。

正是那些在别人眼里一文不值的废纸为张茵打下了坚定的根基，使她能够从传统行业中崛起，并实现了从"废纸大王"到"造纸大王"的华丽转身，在首富宝座上笑傲群雄。

造纸业孕育出的女首富

中国的造纸业自古以来就一直呈现出兴旺发达的发展态势，甚至形成了三大造纸产业集群——珠江三角洲集群、长江三角洲集群和环渤海集群。放眼全国，以造纸为主业的企业如夜空中璀璨的群星，不胜枚举。然而，为什么只有张茵成了中国首富？

在这里，不得不提到造纸业原料体系的一个根本性变化。

一般来说，造纸业所采用的原料可以分为两种：一种是以红松、杨木等为主的木纤维；另一种则是以稻草、竹子、芦苇等为主的非木纤维。我国造纸工业一直以非木纤维为主要原料，这是由我国"多草缺木"的客观因素造成的。众所周知，中国是一个以农业著称的国家，各种草类资源十分充足，如山东、河南、江苏等地多麦草，两广、湖南、福建等地多稻草。长期以来，国内的造纸市场一直为木纤维原料的短缺所扰，为了尽可能消除这种状况，造纸企业就开始以扩张数量、扩大生产能力为主要追求目标，因此，非木纤维就成了造纸的主要原料。

到了20世纪90年代，废纸作为造纸原料得到了一些利用。然而，在当时，我国每年的废纸进口量大概为几十万吨，在原料体系中，废纸所占的比例是微不足道的。同一时期，张茵在东莞建立了造纸厂，她所采用的原料主要为废纸，并且大部分是从美国进口的。到了2006年的时候，玖龙纸业的废纸进口量大约占中国废纸进口总量的30%以上，与此同时，废纸在我国造纸业原料结构中的比例也得到了大幅度上升。这标志着，在短短几年的时间里，我国造纸业原料体系就实现了一个革命性的变化。从某种意义上说，正是张茵推动了这场变革的发生。

同一时期的大多数造纸企业仍然以非木纤维作为主要的造纸原料。与废纸相比，非木纤维的价格高，这就直接升高了这些企业的造纸成本，相应的，纸制品价格也就居高不下，最后导致这些企业在市场竞争中逐渐落败，直至被淘汰出局。而张茵却因为勇于创新，善于把握历史机遇，奠定了她在纸业江湖上的霸主地位，改变了纸业发展的传统模式，最终成为造纸业孕育出的第一位首富。

在很多人眼里，传统行业发展到现在已经成为一片"红海"，后来者根本找不到立足之地，也必然成为被先到的成功者吞噬的牺牲品。然而，张茵偏偏要反其道而行之，在她看来，即使是再成熟的产业，也能找到被忽略的空白，而这片"蓝海"就是充分发挥自己聪明才智的广阔天地，也一定会带给自己意想不到的惊喜。

张茵成功了，她品尝到了成功的果实，她不但在"红海"中找到了隐藏的"蓝海"，而且还引领了一场产业革命，使中国造纸业实现了一个重要转折，进入到一个全新的发展阶段。

当你面对一片已经饱和的"红海"手足无措，不知从何处开始自己的事业时，请尝试着转换一下你的思维，将那些已经存在的旧元素重新进行分类、排列、组合。像张茵一样，从看似饱和的市场中挖掘出新的利润增长点，从而开拓出新的市场。如果你也能够像张茵那样跳出固有思维的束缚，你会发现，其实"蓝海"无处不在，只要你会寻找，属于你的"蓝海"也必将出现！

引领财富"她时代"

财富从来都是没有性别之分的，然而，长期以来，这个王国一直是男人纵马驰骋、叱咤风云的领域。时至今日，在全球财富领域尽领风骚的也大多是男性。在人们的印象里，女性似乎难以与男性平分秋色，只能扮演一些无关紧要的角色。然而，张茵的出现，为这个雄性称霸的财富世界增添了一抹玫瑰色的亮丽色彩，使原来的格局发生了翻天覆地的改变。

财富"她时代"的到来

美国著名的未来学家约翰·奈斯比特（John Naisbitt）在 1982 年曾经出版过一本广受大众欢迎的书——《大趋势》。在这本书里，他以独特的视角揭示了未来社会许多新的发展趋势，其中就包括：我们的社会已经逐渐走进信息时代，相比体力，脑力将会表现出更大的优势，而女性所具有的独特天赋会让她们在这个崭新的时代里如鱼得水。如果说产业时代是男性的天下，那么信息时代将会更多地属于女性。女性虽然已经与工业时代失之交臂，但毫无疑问，她们将会在未来的产业中分一杯羹。

奈斯比特所言不虚。30 年后的今天，放眼世界，我们就会惊讶地发现，他的预言已经变成了现实。在这个社会里，女性力量正在复苏、崛起，财富"她时代"已经到来。

时代的发展使女性获得了愈来愈多的机会，而现代女性所表现出来的独立性、坚韧毅力以及顽强拼搏的精神，也正在逐渐改变着女性在社会中所扮演的从属角色。在如今的时代舞台上，活跃着越来越多的女性身影，她们开始重新认识和审视自我，她们的生活开始绽放出不一样的美丽，她们倔强地创造着属于自己的成功，她们发出的声音和独特的思想得到了越来越多的尊重、肯定和赞同。

而张茵更是这些女性中的佼佼者。身为女性的张茵，在世人一片惊异的目光中登上了中国首富的宝座，她凭借着自己的努力、智慧与兢兢业业的积累，成为一朵鲜艳绽放的铿锵玫瑰，缔造了一个令人难以置信的财富神话。张茵用自己的经历向这个世界证明：女性不是弱者的代名词，同样也能创造财富，女性创业已经成为了一种不可阻挡的历史潮流。在承担着社会要求女性必须承担的传统角色的同时，女性也能够实现自己的梦想，创造属于自己的事业。

成功女性的共同特质

张茵所走的道路与美女企业家杨澜不同，她没有杨澜知性的形象和出众的才华，无法凭借耀眼的外表吸引众人眼球；与步她后尘戴上首富桂冠的杨惠妍不同，她没有父辈的积累与人脉，没有可以乘凉的树荫。总结张茵的成功秘诀，正是她所拥有的智慧、果敢、自信的性格，使她拥有比许多男人更加强大的个性魅力。

一般来说，女性更重视企业的持续发展和长期效益，当面临眼前利益的诱惑时，她们往往会表现出极大的耐力，对自己已经制定的目标具有专一性。在创业过程中，张茵就表现出了高度的专一。20世纪80年代，房地产、金融投资是最吸金的行业，张茵却没有为之所动，始终坚持做废纸回收，直到最后成就了自己的纸业帝国。

麦肯锡曾经对世界各个行业领域里的数百位女性高级管理人员进行过调查，发现这些女性领导者身上具有一些共同的特点和品质：

一是工作的时候积极乐观；

二是即使身处困境之中，也能保持乐观的情绪，以积极的心态看待世界；

三是善于抓住机遇，并时刻做好准备；

四是拥有绝佳的平衡能力，能够在事业、家庭中保持平衡，在管理者、妻子、母亲、女儿等多种复杂的社会角色中游刃有余。

从张茵的身上，我们也能够看到成功的女性企业家所共同拥有的这些成功特质。

敏锐的直觉、丰富的理解力、柔韧性以及协调性，是女性在经营事业时的独特优势。当今时代给予了女性一个充分发挥自己才能的平台，使得女性能够凭借并利用自己的天赋在这个平台上创造出一个全新的财富版图。

女性创业家协会曾经进行过的一次调查表明，在由女性企业家管理或者经营的企业里，亏损面只有不到2%，与3.6%的平均企业亏损面相比，这个数据是非常低的。由此可见，当女性下定决心开始自己的创业历程后，就会尽自己的最大努力去发展它，使其更完善，尽可能地实现赢利。而女性一旦踏入充满竞争的男性世界，就能充分发挥自己的能力，与男人一决高下，成为受人尊重的财富新女性。

平衡之道

在历史发展过程中，每个人都被赋予了一定的社会角色。传统社会赋予女性的更多的是妻子和母亲的角色，许多女性甚至以此为自己终生的"事业"。因此，与男人相比，女性在职业发展道路上往往会遇到更多的障碍、更大的阻力。

除了应对职业压力之外，女性还要平衡好各个方面，在社会、家庭以及自我之间寻求平衡。从社会角度来说，女性始终无法摆脱传统价值观的限制与束缚。20世纪80年代，张茵决定辞职下海、告别在深圳的优越生活时，听到的是一片反对声。在很多人看来，女人只需要经营好家庭就足够了，对于其他方面不要有太大的野心。如果张茵当时因为这些偏见却步了,又如何能够成为胡润百富榜第一位女首富?

对于女性来说,在平衡与各方面的关系时,如何平衡事业与家庭之间的关系,是至关重要的。张茵与自己的丈夫不像传统家庭那样"夫唱妇随",而是角色颠倒过来——在玖龙纸业里,张茵是董事长,刘名中担任副总裁。刘名中既是张茵的丈夫,又是副手,但是张茵却并没有因此对他颐指气使。在她看来,她和丈夫只是分工不同,丈夫与自己所作的贡献是一样的。她给予丈夫充分的信任与尊重,而丈夫也给了她同样的回报。事业与家庭的平衡使张茵获得了更加耀眼的成功。

如今,在社会的各个领域里,女性都发挥着重要的作用。管理大师彼得·德鲁克曾(Peter F. Drucker)经预言:在知识性的工作里,性别已经不再成为界限。50年前,当他的第一个女徒弟毕业的时候,他费了很大工夫,才帮她找到愿意接收她的企业。如果放到现在,或许她已经成为铿锵绽放的职场玫瑰了。

第五章
笑看"门"里春秋

2008年对于张茵来说,是一个多事之秋。"三重门"接踵而至,将张茵推向了一个令人难堪的道德审判台:她究竟是一个心系中国未来、关注社会发展的爱国商人,还是一位道貌岸然、无情榨取劳动者利益的黑心老板?

遭遇"提案门"

2008年对于张茵来说，是一道分水岭。在此之前，她是众人瞩目的"女首富"、是环保先锋、是白手起家的女性典范。然而，2008年先后遭遇的"提案门"、"血汗门"、"破产门"事件却将张茵推到了舆论的风口浪尖。这"三重门"使她的公众形象一落千丈，跌到了谷底。但张茵并没有因此沮丧，更没有就此消沉下去，她骨子里有一股坚韧不服输的劲儿，这让她在遇到困难的时候不是退缩，而是迎头而上。

玖龙纸业罢工事件

2007年，中国政府对《中华人民共和国劳动合同法》进行了修改，并决定于2008年1月1日起开始实施。新劳动合同法第十四条规定：在一家企业效力10年以上的员工，可以自动获得直到退休的长期合同，也就是通常所说的"无固定期限劳动合同"，企业不能用"一年一签"来对员工进行约束。

新劳动合同法的颁布引发了全国各地此起彼伏的裁员潮。大大小小的企业们纷纷采取裁员或者重新签订劳动合同的方式来规避新劳动合同法对自己造成的经济损失，这引起了员工的强烈不满，罢工成了他们的唯一表达方式。

2007年年底，张茵的玖龙纸业要求员工签订一份新的劳动合同，在这份合同里，工人的工资保持不变，由玖龙纸业发放，但是东莞工厂的清洁、卫生等辅助型、非技术工人整体外包给专业的人力资源管理公司进行管理。不仅如此，以前的工龄也随之一笔勾销，从新合同签订日期起开始重新计算。

在此之前，玖龙纸业内部就流传着一些传言，说管理层打算降低工人的工资，甚至还会解雇大批临时工人，使得工厂内人心惶惶。

签订新劳动合同的消息一经公布，就像在干草堆里点了一把火一样，一下子引燃了工人们的情绪。几百名员工群情激愤地聚集到工厂的广场上，拒绝签订新合同，要求与企业续签合同，并声称：如果要求得不到满足，他们就会一直罢工。玖龙在东莞的工厂一共有七千多名工人，受到新劳动合同影响的大约有两千余名。罢工事件的参与者大部分是原料部的工人，在循环造纸工业中，原料部的劳动条件相对来说是最差的。工人们认为，签订新劳动合同，实际上是一种变相的裁员，而且在新合同下，工人们的福利得不到保障，更失去了安全感。

广场上聚集的工人越来越多，最后导致整个东莞工厂都陷入了瘫痪状态。很多媒体闻讯赶来采访，并迅速发布了报道，报道中到处可见对玖龙纸业的指责之辞。东莞的相关劳动部门对这个事件相当重视，协助玖龙进行了调解。最后，新的劳动合同被废弃，工人们如愿以偿与玖龙纸业进行了续签。

张茵获知此事后，顿时感到了事情的严重性。第二天，她在接受采访的时候对此进行澄清，解释说这只是一场误会，公司原本是为了适应新劳动合同法而进行管理改革，然而工人们却产生了误解，并态度诚恳地表示自己的企业将会严格遵守新劳动合同法。

这场罢工风波很快就被平息下去，玖龙纸业又恢复了正常的运转。然而，令张茵没有想到的是，这个事件只是一个引发燎原之火的小火星，更大的风暴即将袭来。

不当言论引来质疑

2008年春天，一年一度的"两会"如期举行。作为全国政协委员，张茵在此之前就开始了周密的调查研究，苦苦思索在会上应该怎样向政府建言献策。

这时，几个月前爆发的罢工风波浮现在了她的脑海，在按照新《劳动合同法》进行企业管理的过程中遇到的种种难题也令她感慨万千，于是，她在自己的提案中建议政府应该对新《劳动合同法》进行进一步完善，取消无固定期限的劳动合同，而代之以3~5年的有限劳动合同，并且还应该对劳动者擅自提前解除合同的法律责任进行明确规定。

除了这项提案之外，张茵还提出了两项提案：一是呼吁降低高收入群体的税赋，将月薪10万元以上征收的45%的最高累进税率降低到30%；二是对企业从国外引进先进、高效的节能环保设施进行适当的鼓励，给予这些企业5~7年的免征进口关税和增值税的过渡期限。

在张茵看来，无固定期限的劳动合同对于劳资双方来说都是一种无形的压力。签订了这样的合同以后，对于那些态度消极懒散、工作能力与岗位职责严重不匹配的员工，企业无法解雇，只能束手无策；而那些能力出众、表现突出的员工，又不愿意与企业签订长期合同。张茵认为新《劳动合同法》对工人利益保护过度，给企业运作增加了难度，更使企业的人力资源成本大幅度提高。

在准备提案的时候，张茵与同是玖龙纸业高管的丈夫刘名中、弟弟张成飞进行过商讨，他们并不认为这个提案有什么不妥。而对张茵来说，她将这个提案看做是为国家尽的一点心，不管是否能够被采纳，都必须知无不言、言无不尽。

然而，接下来发生的一切却超乎张茵的想象。对于这份提案引发的地震式反应，张茵完全没有准备。

新《劳动合同法》早在拟定阶段就受到了全国各界的关注，对于劳动法中的一些修改，众说纷纭，由此还引发了全国范围内的激烈辩论。新《劳动合同法》从颁布到实施，针对它的讨论始终没有停止，并且有愈演愈烈之势。而此时,张茵的议案一经提出,恰好踏上了这个雷区。

2008年3月4日,在政协会议的第二天,一位教育界的女政协委员首先对张茵发难,对张茵的三条议案进行逐条辩驳:

第一,针对"劳动密集型企业应该取消无固定期限劳动合同",女政协委员认为张茵的玖龙纸业就属于劳动密集型企业,这条提案是为了维护自己企业的利益而提出的;

第二,针对"降低高收入群体的税赋",女政协委员认为张茵本人就是高收入者,降低这个群体的税赋,实际就是为自己谋利益;

第三,针对"鼓励企业进口先进高效的节能环保设备,给予5~7年的免征进口关税和增值税的过渡期限",女政协委员认为玖龙纸业就是需要从国外进口环保设备的造纸企业,这条也有为自己企业谋利之嫌。

这位女政协委员还措辞激烈地说:"政协委员应该找准自己的定位,既然你处在这样一个平台上,你的话语就不能只为你所处的利益集团代言。历史要求我们要兼善天下,要有这样一份情怀。"

媒体对这份提案引发的争端进行报道之后,全国上下顿时掀起了讨伐张茵的风潮。而张茵的"女首富"头衔使得这场争端被无限扩大,一时间,指责之声不绝于耳,张茵成了众矢之的。

与孔祥鸿的"PK"

"提案门"使张茵一下子站到了全国舆论的对立面。对此,张茵只有一个感觉——"冤!"实际上,在她提出议案的时候,完全是从尽一个政协委员的义务角度出发的,并没有考虑到自己的私人利益。讲真话是她的原则,只要这个真话对国家、对人民有利,她就一定要说出来。但是却没有想到,别人会将她的意思曲解,更没料到,祸从口出在自己这里得到了验证。

事实上,在张茵的第一条提案里还提出了《劳动合同法》要注意保护低收入群体的利益,加强保护力度,并且提出了应该提高当地的最低工资标准的建议。但是不知何故,这条建议却被忽视了。人们只把目光投注于她提出的另外三条建议,对她进行激烈的口诛笔伐。一时之间,张茵仿佛"罪大恶极",人人得而诛之。

在"两会"召开期间,张茵接受了几次媒体采访,希望借由媒体向公众澄清对自己的误解,并希望人们看到她并没有为个人谋利的心理,出发点只是为了维护和平衡正常的劳资关系,然而,她的声音很快就被淹没在讨伐声中。

一波未平一波又起,这之后,广东省总工会召开新闻发布会,总工会副主席孔祥鸿在会上义正词严地说,如果张茵对新劳动法有什么不满,他愿意对此与其在电视上进行公开"PK"。有很多网站甚至专门为此设置了投票栏目,以供网民们投票。在某家网站上,支持孔祥鸿与张茵进行公开"PK"的投票数居高不下,而反对者则为零。

张茵并没有迎战,她认为自己问心无愧,没有必要与孔祥鸿进行论战,更何况,此时的她也没有时间顾及这些事情。

因为深受"提案门"的负面影响,玖龙纸业的股价开始大幅度下跌,两会期间,一共跌了大概10%。两会结束后第三天就是玖龙纸业公布年报的日子,张茵为此苦恼不已,玖龙纸业的高层管理者们也纷纷劝她"不要再说了"。

随着时间的推移,甚嚣尘上的舆论终于逐渐平息下来,张茵终于又获得了久违的平静,可以专心致志地经营自己的事业。然而,此时的她并不知道,"提案门"不过是倒下的第一张多米诺骨牌。

"血汗工厂"风波

"提案门"引起的波澜暂时平息之后，张茵一刻也没有停息，就马不停蹄地投入到了玖龙纸业的半年全球路演之中。2008年4月29日，玖龙纸业成功了完成了3亿美元的融资，这是中国民营企业第一次在国际资本市场成功发行投资级债券。

然而，海外市场的走强，并没有使张茵的心情因此晴朗起来。甚至她向公众宣布这个好消息，还是在一周后在东莞玖龙纸业总部召开的多家主流媒体参与的发布会上，这个发布会是为了澄清玖龙纸业"血汗工厂"事件而举行的。

来自 SACOM 的一份报告

2008年4月12日，香港 SACOM（Students and Scholars against Corporate Misbehavior）发布了一份措辞严厉的《2008年首季香港上市企业内地血汗工厂报告》，其副标题令人触目惊心："女首富"张茵的玖龙纸业是如何剥削中国工人以及另外四间港资企业的恶劣工作条件——《劳动合同法》绝非可有可无！

在这份报告中，SACOM 义正词严地斥责张茵的玖龙纸业是"血汗工厂"，指出玖龙纸业内部生产环境极其恶劣，随意罚款现象层出不穷、《员工手册》上的罚款规则竟然高达87条，工伤事故频频发生，几乎"月月有工伤，季季有死人"，劳动条件极差，从来不为工人提供手套、鞋子、帽子、防护眼镜等劳保用品，工人利益得不到有效的保障。SACOM 在报告中还提供了多张照片，照片中玖龙纸业的工厂车间里堆满废纸，污水横流,到处都"脏乱差"。报告还将玖龙纸业称为"港企之耻",认为张茵并不具备担任全国政协委员的资格,应该立即辞去这一职务。

第二天,这份报告向内地媒体公开发布,再度引起了媒体和公众对张茵的关注。多家主流媒体还对此份报告进行转载,"血汗工厂"事件顿时成为当天的头版头条。

这份报告就像一个重磅炸弹,令世人哗然,更引来了海内外的广泛关注。此时,"提案门"时张茵所面临的困局再次重演——公众与传媒几乎一边倒地加入到了谴责张茵的行列。"女首富"、"血汗工厂",再加上在此之前爆出的"提案门",使得这个事件充满了戏剧性和冲突性。

"提案门"引发的余震

香港 SACOM 的全称是"大学师生监察无良企业行动组织",是一家主要由大学师生组成、专门监督企业不正当行为的 NGO(非政府组织)。成立以来,SACOM 已经针对企业侵犯工人利益、人身安全、生命健康、福利以及尊严等行为展开了多次倡议运动。

在"血汗工厂"事件之前,SACOM 重点以跨国公司为调查对象,曾经先后发布了《致佐丹奴的公开信:要求改善和监察外判工厂工人待遇》、《致迪斯尼:找回米奇的良心》等报告,在香港引发了关于维护工人利益的大讨论。

显而易见,玖龙纸业并不在 SACOM 的调查范围之内。然而,内地实施的新《劳动合同法》在香港也获得了密切的关注,SACOM 对此尤为重视。张茵在两会上公然对新《劳动合同法》唱反调,吸引了他们的眼球。他们由此注意到了张茵的玖龙纸业,开始对其进行调查,要看看这家企业是否存在严重的违法行为。可以说,"血汗工厂"是"提案门"引发的一场余震,然而其威力却比"提案门"更胜一筹,就其破坏性而言,"提案门"也不能与其同日而语。

SACOM 首先从互联网上搜集信息，发现 2007 年玖龙纸业曾经发生过一场罢工风波。为了核实这个信息的真假，SACOM 成立了一个专门调查小组，到东莞玖龙工厂进行调研。由于玖龙纸业实行了密封式管理，因此，他们没有办法进入到工厂内部，只能在周边与工人进行访谈，在获得工人的信任以后，还得到了大量在厂内偷拍的照片。

2008 年 4 月 14 日，SACOM 曾经前往玖龙纸业在香港的办事处进行抗议，然而获得的回应却令他们十分不满——玖龙纸业的相关人员说张茵等所有公司高层管理人员此时都不在香港，无法对这一事件进行什么回应。SACOM 希望张茵能够给出一个沟通或者回复的时间表，却只得到了"会转达"之类的敷衍之言。

此时的张茵的确不在香港，她正在美国为发行 3 亿美元的债券而四处奔波，新一轮的融资路演也即将开始。与此同时，张茵还在为收购越南一家名为正阳造纸厂的控股权而仔细筹谋，希望能够借此成为越南最大的包装纸生产商，打开国外市场。这一切都让张茵分身乏术，根本无暇顾及其他事情。

在那段日子，张茵说自己"连风吹头发都会感到害怕"。就在这样的紧要关头，SACOM 又将矛头指向了她。面对这样的道德指责，张茵所受的压力到达了顶点，她差一点就要崩溃了，在最无助的时候，她甚至通过放声痛哭这种方式来发泄自己心中的抑郁。

在最开始的时候，张茵的态度表现得十分抗拒，她甚至激动地斥责 SACOM 为"不良组织"，并声称自己已经掌握了这个不良组织的证据，其目的就是为了搞垮国内企业。

张茵的态度激起了 SACOM 更强烈的愤怒。接下来，他们开始将这件事的影响尽可能扩大。2008 年 4 月 17 日，SACOM 还把这份报告发给了玖龙纸业的主要投资者，比如摩根大通、富达投资集团、汇丰资产管理公司等财务机构，以及李兆基、郑裕彤等在香港商界颇具威望的人士，希望他们尽快抛出自己手中的玖龙纸业股票。与此同时，SACOM 还呼吁玖龙纸业的许多大客户，比如耐克、可口可乐、索尼等大型企业，应该主动承担起企业应该承担的社会责任，与玖龙纸业这样的"血汗工厂"划清界限。SACOM 通过各种各样的方式向张茵施加压力，要求她以最快的速度作出回应，并采取措施改善工人的工作条件。

玖龙纸业在欧洲和美国的大客户也受到了一些来自消费者方面的压力，质询信件像雪花一样从全球各地向玖龙飞来，为此，他们不得不安排专门的人手来对这些信件进行处理。

玖龙纸业股票的主要投资机构大摩基金也沉不住气了，正式向 SACOM 发信了解这一事件的详情，开始了对玖龙纸业进行调查与重新评估。

对于投资机构来说，如果"血汗工厂"风波会对玖龙纸业的运营带来严重影响，那么，对玖龙纸业的持股风险进行重新评估就变得十分有必要了，如果情况恶化到一定的程度，它们将不会购入玖龙纸业的股票。而对于玖龙纸业的客户来说，如果由于使用玖龙纸业的产品而使自己遭到欧美消费者的抵制，使本企业的利益受损，那么，它们就会更换包装纸箱供应商，转到其他造纸企业那里。不论如何，这都会给玖龙纸业带来打击，使其融资体系、销售渠道受到不利影响。此时，玖龙纸业东莞工厂外面，每天都会徘徊着数十个记者，他们长时间地驻扎在这里，希望能挖出什么猛料，甚至还有人找工人借了玖龙纸业的工作服混进工厂内部偷着拍照。整个工厂人心浮动，工厂正常的运转都被打破了。

事态的发展与恶化已经超出了张茵的想象。这是玖龙纸业成立以来最为艰难的时刻，处理稍有不当，就有可能使张茵多年的努力与积累都化为泡沫，使玖龙纸业这个纸业帝国毁于一旦。

180 度大转弯

伴随着多家媒体的关注以及相继介入，"血汗工厂"的负面影响越来越大，舆论的压力也铺天盖地地向张茵袭来。这时的张茵逐渐清醒过来，开始对这件事的来龙去脉进行深入了解，并认真考虑接下来应如何应对，使危机尽快消除。最终，张茵决定改变对抗的态度，实施新的公关方案。

2008年4月28日，刚回到玖龙纸业东莞总部的张茵一刻也没有耽误，马不停蹄地召开了一次全体员工大会。在这次会议上，张茵十分诚恳地向员工表明了自己的态度，并表明在以后的经营过程中，将会对工人利益投入更多的关注，切实维护好员工的利益，使员工对企业产生安全感和归属感。

2008年4月30日，玖龙纸业给SACOM发去一封信。在信中，张茵首先对SACOM对玖龙纸业以及国内其他企业的关注表示认可，并恳切地表明，玖龙纸业将会认真对待SACOM报告中指出的某些问题，及时在企业里展开调查。在最后，还特别强调"我们永远欢迎善意的批评和监督"。与之前的强烈对抗相比，张茵的态度出现了180度的大转弯。

同样表现出态度根本性转变的，不只是张茵，还有另外一个人。

SACOM还同时把报告寄到了全国总工会、广东省总工会等政府管理部门，希望借助政府的力量对玖龙纸业进行整顿治理。然而，SACOM并没有收到来自官方的任何回应。在这个事件发生以后，政府方面始终保持沉默，似乎在观察这件事的走向。

就在这时，曾经声称要与张茵就新《劳动合同法》进行公开"PK"的省总工会副主席孔祥鸿再度在媒体发声。"玖龙纸业虽然存在管理漏洞，但可以肯定，并不是血汗工厂。"面对媒体的问询，孔祥鸿用极为肯定的语气表明自己的态度。他从张茵的反对者转身变成支持者，这番转变，不由得令人震惊。

实际上，这是孔祥鸿在经过先后两次调查后得出的结果。第一次调查采用了暗访的形式，调查人员像记者一样换上了玖龙纸业的工作服，溜进了工厂里，对玖龙的内部工作环境进行调查。为了保证调查结果的真实性，除了调查组的成员，没有人知道这次行动。第二次调查则事先获得了工会主席王坚东的许可，以官方身份到玖龙纸业进行实地考察。

孔祥鸿认为包括玖龙在内的许多企业确实存在很多需要解决的问题，但是，"纠正现象不是把企业搞死，而是希望企业具有高度的社会责任，能够通过与劳动者的协商、利益的协调来共同解决劳资关系的问题"。具体到玖龙纸业也是一样，"让它整改，也是让它办得更好，而不是把它办死。当然希望张茵女士和她的管理团队能够更好地管理工厂"。

2008年4月底，张茵终于结束了在美国的路演，成功完成了3亿美元的融资，回到国内。而此时，越南收购案也进行得如火如荼，并且已经可以看到胜利的曙光。在海外市场上，张茵收获了丰厚的战果。

成功打完两场艰难战役的张茵终于有时间和精力来处理"血汗工厂"风波了。

2008年5月7日，张茵正式召开了媒体见面会，对"血汗工厂"事件进行了澄清，在发言中，张茵以"真金不怕火炼"作为自己的开场语，强调玖龙纸业一直把"劳动者应该得到保护和尊重"作为始终坚持的理念，用理论和数据，逐一澄清事实的真相：

一、安全方面

我们对安全管理非常重视，公司与各部门负责人都签订了安全生产责任书，成立了专职安全管理机构，在生产一线部门配备了专职安全员，仅东莞玖龙就配备了30名安全员，专门负责安全管理。同时，为了让大家重视安全管理，还将安全指标作为主要指标纳入公司的绩效考核，并设立了安全绩效奖金。

为做好安全管理，公司建立了符合OHSAS18001的职业健康安全管理体系，并严格按照OHSAS18001管理体系的要求，建立了完善的安全培训体系，除了员工入职时进行安全培训外，还定期进行岗位安全培训；定期进行危险源的识别和防范，在每个车间及生产岗位可能出现危险的地方都做了安全提示和警示标志；对有需要的工种，定期进行职业健康体检，费用全部由公司承担，2007年用于员工职业体检的经费近50万元。同时，公司严格按照国家职业健康管理的相关标准免费为各类员工配备了劳动防护用品，2007年在员工劳保用品方面共投入了330万元。

虽然我们做了大量的工作和防范措施，但作为大型的造纸企业，仍然有我们最不希望看到的工伤事故发生。但玖龙的事故率是远远低于地区的平均值的，广东省2007年全年亿元产值工伤率和伤害率分别为1.75和1.83，而玖龙2007年全年亿元产值工伤率和伤害率分别是0.73和0.76。尽管玖龙的事故率比较低，但我们的目标是要把安全做到零事故。

二、工作环境方面

为员工创造良好的工作环境是我们不变的宗旨，我们一直在不遗余力地推行ISO9001质量管理体系、ISO14001环境管理体系、OHSAS18001职业健康安全管理体系，目标是把玖龙建成为国际一流的工厂，我相信玖龙的工厂环境绝对是不低于同行业的领先水平。

废纸循环造纸的第一个工序就是上料车间，也是媒体所关注的焦点。我们进口的废纸在发达国家已经经过了第一次挑选和打包，运到我国后，再经过有关部门严格检查、消毒后才运入到我们工厂的。在上料前，按照工艺的要求，先做预处理分选，然后再进入浆线进行打浆造纸。在这个工序，虽然过程中有粉尘，但是环境是优于发达国家的，因为这些废纸已经在国外经过了第一次挑选、处理，并通过了国家有关部门的严格检查和消毒，我们只需要再做简单的预处理。同时，我们还严格按照OHSAS18001的标准，根据不同的工种和环境，适当为员工配备了相应的劳保用品，如安全帽、劳保鞋、手套、耳塞等。

三、以罚代管方面

在旧的管理制度中的确有对员工的违规违纪行为进行扣款的规定，但这只是一种管理手段，不是目的。作为我本人来讲最不希望用罚款的手段来管理员工，几年来一直在讨论如何不用罚款来达到管理的目的，因此在2007年9月份我们对管理制度进行了一次大的修改，已经取消了罚款，同时制定了一个扣款返还的政策，只要员工在6个月内表现优良、不再犯同样的错误都将扣款全额返还，这项工作一直在进行中，我们已经逐步返还了部分扣款，其它扣款返还也在陆续评估之中。目前，公司已经完全取消了罚款的管理手段，采取绩效考核管理制度，员工的表现会在考核的得分上体现，根据绩效考核的得分结果，员工的绩效奖金会相应的上下浮动。

对于工伤事故扣奖金，在公司的绩效考核制度中，安全生产指标是最重要的指标之一，如果出了事故，事故责任人和安全负责人的安全指标没有完成，则要扣减他们相应的安全奖金；但对安全考核优秀的部门，公司还会额外给予奖励。在安全事故的责任追溯上，我们的确有追究安全管理负责人的管理责任，向他们问责，就是要让大家都重视安全，重视管理。

但这些扣款除了要返还外，全部是用于员工奖励和福利的，没有一分钱进入到公司利润，2007年我们的各种扣款累计为107万元，但我们发出的奖金是2104万元，包括安全奖、合理化建议奖、劳动竞赛奖、优秀员工表现奖等等。"借工伤事故敛财"的说法，纯属无稽之谈。

四、员工福利待遇方面

我一直非常关心员工的待遇和福利状况，我曾经在公司全体员工大会上承诺"要将玖龙员工的福利待遇做到同行业领先"，我一直在朝着这个方向努力，在每年的全体员工年会上我都要公布下一年的福利投入计划，我真诚地希望我的员工在玖龙生活得更好。

在薪资方面，玖龙给各级员工都提供了在市场上极具竞争力的总体薪酬待遇。2007年东莞市社会平均月工资是960元，而我们辅助工的待遇每月也都在1500～2400元之间，当然这里面包含有加班费及各种补贴，只是以前的工资单上没有明细，从4月份的工资起，我们将会在工资单上注明清楚，员工如还有疑问可以像以前一样找工资员详细查询。同时，玖龙给所有员工，包括辅助工，都已经投保了社会保险。

在生活福利方面，我们每年都做了大量的投入，仅东莞基地就累计投入7640万元，建成了9栋员工宿舍楼和花园式的生活小区，目前还有5栋宿舍楼正在建设。生活小区里商店、饮食店、银行、邮局、儿童乐园、各类体育场、游泳池等一应俱全。为了给员工提供物美价廉的生活用品、食品及配套服务的方便，玖龙对小区里的大部分店面都是免收租金的，少部分店面也只是收取极低的租金或每月象征性地收取100元；同时，为了方便员工的小病就医，我们特向镇政府申请麻涌医院进驻玖龙小区，现在已经得到了批准，很快就会在小区里设立医务所。为丰富员工生活，公司工会每个月至少在小区里组织两次文体活动，2007年玖龙在员工活动方面投入了150万元，今年的活动经费预算是350万元。

由于玖龙发展速度非常快，每年都会增加很多新的岗位和新的员工，所以我们的宿舍小区和食堂还容纳不了所有的员工，但我们一直在想办法。玖龙93%的员工都在公司食堂就餐，公司给予他们每人每月150元的餐费补贴，实际上是给员工每天提供一顿免费的午餐，此项补助仅东莞玖龙一年就要支出1260万元；为让员工吃好，我给食堂定的标准是每份菜必须有3~4两肉。由于物价上涨，为保持饮食质量，仅东莞公司每个月还要额外给食堂补贴45万元，全年额外补贴540万元；东莞公司一年支出的员工餐费补助和食堂补贴合计达到了1800万元。其他还有7%的员工没有在公司食堂就餐，公司已经开始给予他们每月150元的餐费补贴，在我们食堂扩充完成后这些员工就可以去食堂就餐。对少部分还没有入住公司小区的员工，在5栋宿舍楼建成后，将有更多的员工入住，基本满足大部分员工的住房。

玖龙员工的薪水都是优于同行业的，其中93%的员工的福利待遇是优于国家规定的福利标准的，只有7%的员工在福利待遇上的管理还存在着漏洞和不完善之处，难道这样也叫"血汗工厂"吗？

我也住在小区里，忙碌一天回到家里，看到员工及他们的家人在这里安居乐业，健康、开心的生活，我非常地开心，这也是玖龙履行社会责任当中的一份成就感。

……

张茵的坦诚，使人们不但感受到了一家企业成长过程中所经历的艰辛，也看到了张茵负责任的态度和她身上所具备的社会责任感。

随着竞争格局的发展演变和公众意识的大幅度增强，企业的社会责任感受到越来越普遍的关注，与诚信、品牌等扮演着同样重要的角色。企业作为社会的一员，在发展壮大之后，必须主动承担起自己的社会责任，为社会、为国家作出贡献。在经历了"血汗工厂"事件之后，张茵更加坚定了对这一点的看法。在之后的采访中，张茵曾经袒露自己的心声："企业家一定要平衡好企业发展与社会责任的关系，我主张左手发展企业，右手要承担社会责任，两者不可偏废。"

关于玖龙纸业以及自己的那些纷纷扰扰，张茵逐渐习惯了淡然处之。"木秀于林，风必摧之"，张茵将这些风波当做是帮助自己成长的考验，只有闯过一道又一道的难关，才能最终使自己获得内心的强大。

走出"破产门"激流

从2008年年初言论不当而引发的"提案门"到4月份闹得沸沸扬扬的"血汗工厂"风波，张茵始终处于是是非非的漩涡之中。这一时期，张茵在媒体上的曝光率比2006年获得胡润百富榜首富称号那段时间还要高。

到了2008年下半年，这些事件终于渐渐平息了下去，被埋没在网络时代的信息洪流之中。张茵的生活也逐渐恢复了原来的忙碌与平静，重新获得了自己最喜欢的生活状态——享受工作带来的乐趣。对于张茵来说，充实的工作胜过一切娱乐方式。

然而，平静的日子总是那么短暂。很快，新的风波又毫不留情地向张茵袭来。

2008年12月24日平安夜，这一天，张茵回到了位于美国洛杉矶的家中，与家人团聚，共享天伦之乐。此时的张茵并没有意识到，自己已经陷入到了"破产门"的激流之中。

空穴来风的传言

2008年11月1日，在某个行业论坛上，一则有关玖龙纸业已经申请破产的帖子开始疯狂流传，帖子里以极为肯定的语气称：根据玖龙纸业的一位高层透露的消息，玖龙纸业最近有一笔5亿元的银行贷款快要到期了，然而张茵却没有能力偿还，于是决定在2008年年底的时候申请破产保护，从而逃避偿还到期的贷款和债务。

这个帖子就像一个重型炸弹一样，乍一在互联网上发布，就引起了人们沸沸扬扬的讨论。

互联网的特性之一就是信息传播速度快，"申请破产"的传言也不例外，它以迅雷不及掩耳之势被转载到了各个论坛上。由于张茵"女首富"身份的放大作用，这条消息很快就引起了全国网民的普遍关注：有同情者，希望张茵能够尽快渡过难关；有落井下石者，认为这是张茵咎由自取；也有冷静的旁观者，对这一传言进行认真的审视、仔细的分析。

与此同时，花旗集团公布的一份报告似乎也与这个传言遥相呼应：2008年，箱板纸市场普遍出现了供应过剩的情况，平均售价与往年相比出现了大幅度的下降，这给中国箱板纸造纸商造成了严重的负担。造纸行业不但未能实现赢利，而且还出现了亏损严重的情况。因此，可以判断出中国两大造纸商——玖龙纸业及理文纸业的前景已经堪忧。

各路媒体记者纷纷赶到东莞进行采访,有消息称:据玖龙纸业的员工透露,近几个月来,东莞工厂一直在不间断地裁员,到9月份已经裁掉了30%,甚至一些资深的技术人员在这次裁员中也未能幸免。而江苏太仓工厂的情况更为糟糕,某条生产线上的所有员工都被辞退了,员工除了得到相应的工资补偿之外,还获得了5000元的遣散费。

种种迹象表明,破产传言并不是子虚乌有之事。

突围"破产门"

2008年的张茵就像是一个"救火队员",刚刚经历了"提案门"和"血汗工厂"事件,马上又要应对"破产门"事件,可谓心神俱疲。

刚从美国度假归来的张茵刚一下飞机,就获悉了这个令人匪夷所思的消息。但此时的张茵更为淡定,在这个谣言满天飞的时代,任何传言都不足为奇。在此之前,网上还有消息传说她和刘名中已经离婚,爆料人言之凿凿,仿佛他就是当事人。对于这种无稽之谈,张茵都一笑置之,甚至不会作出任何回应。

然而,破产谣言却与这种八卦消息有所不同。对于上市公司来说,企业的任何风吹草动都会在股票价格上有所体现,导致股价的波动。在"提案门"和"血汗工厂"事件中,玖龙纸业的股价就出现了如同过山车般的走向。对此,张茵不敢掉以轻心。

很快,张茵就通过媒体信心十足地对"申请破产"传言进行澄清,表示玖龙纸业目前正处于良性运转状态,一切正常。

尽管张茵在镜头前的表现毫无破绽,玖龙纸业的股票缩水也是一个不争的事实。"破产门"盛行期间,玖龙纸业在香港的股价从每股20元一下子跌到了1元左右,让贷款银行看得胆战心惊。所有迹象都表明,张茵在资本市场已经从所向披靡走向了捉襟见肘。尤其是花旗集团公布的报告,让承办玖龙纸业3.5亿美元联贷案的银行团担忧不已,参贷行甚至还逼着主办行——中国银行香港分行，到玖龙纸业进行实地考察。所幸，在此之前的密切合作中，张茵已经与这些银行建立起了充分信任的关系，因此获得了它们的理解和支持。

　　对于股票价格缩水，张茵表现出了一如既往的淡定态度。在她看来，上市公司需要注意的是经营结果，2008年因为受到全球金融危机的严重影响、原材料和产品价格变化频繁等各种各样的原因，玖龙纸业的赢利情况不可避免地出现了一些波动，因此，股票缩水也属于正常现象。

　　令张茵自豪的是，经历了"三重门"的考验之后，除了股票出现缩水现象之外，玖龙纸业始终保持着良好的"基本面"，在管理和运营上保持着有条不紊的状态。

　　张茵并不在意一城一池的得失，她希望用事实告诉那些质疑自己的人，玖龙纸业是个好企业，而自己，也能勇敢承担起企业家的社会责任。

　　行业转型期的选择、金融危机的影响、国际市场萎靡导致订单锐减、资金链绷紧……天生不畏挑战的张茵在重重考验中越战越勇。对于她来说，越是路途艰难，越能使自己获得历练，也越能丰富自己，使自己更快地成长，使自己的企业更加完善。只有在大浪淘沙中挺过来的企业，未来的基石才会更加牢固。

第六章
经营法则：化繁为简，简单就是力量

在别人眼中，天时、地利、人和造就了张茵今日的辉煌，甚至连张茵自己在总结成功原因的时候，也归结为"运气好"。然而，任何成功都不是偶然的。从张茵的经营风格我们可以看出，她对市场空白点的掌握、对行业成长性的准确预测，等等，都不是只用"运气好"三个字就可以概括的。张茵始终坚持的经营法则和经营理念，才是其无法被别人复制的成功精髓。

归核：挖掘玖龙核心价值

张茵在总结自己的成功原因时，常常把其归因为"运气好"。然而，如果我们沿着每位成功企业家背后的发展脉络，去挖掘其真正的致富之道，就会发现，独特的经营观念才是支撑他们走到财富巅峰的根本原因。

从张茵的经营风格我们可以看出，她对市场空白点的掌握，对行业成长性的准确预测、对本企业商业模式的精准选择以及灵活的市场战略等，为玖龙纸业的发展、壮大奠定了牢固的基础。

张茵的经营法则很简单，那就是"化繁为简"。张茵认为最优秀的模式往往是最简单的东西，简单就是力量。经营理念只有适用没有最好，每个企业都有自己所走过的道路和多年的沉淀，这是一个企业的 DNA，而"化繁为简"，才是张茵无法被别人复制的成功精髓。

归核化战略就是张茵经营法则的第一式。归核，挖掘玖龙的核心价值，在此法则的指引下，张茵带领着玖龙纸业在造纸这条道路上越走越远、越走越宽。

给企业做"加减法"

归核化战略是 20 世纪 80 年代由美国战略管理学家马凯兹首先提出的。所谓"归核化"，就是指企业将自己的主要业务集中在那些具有资源或者市场优势的领域里，而经营活动中所产生的那些非核心战略性的活动可以通过外包的形式分流出去，充分发挥企业的核心竞争力，降低成本，不断提高赢利能力。

最早在企业中贯彻实施归核化战略的企业是美国通用电气公司。1981

年，美国通用电气公司提出了一个"数一数二"原则，对企业当时涉及的60多个行业部门进行整合，精简为13个核心业务部门。接下来，许多美国企业开始效仿通用，纷纷采用归核化战略对自己的企业进行优化，比如，奔驰公司在20世纪90年代从自己并没有什么优势的飞机、交通业务中退出，主营汽车业务。

从美国开始起步的张茵在经营过程中深受这些企业的影响，在她经营玖龙纸业之初，就将自己的核心业务锁定在造纸业。她始终坚持的一个基本原则是：坚守主业，剥离非核心业务，将亏损资产及时分化出去，适当保持一定的多元化经营。

实行归核化战略，其实就是对企业的核心业务和非核心业务进行"加减法"。玖龙纸业作为一个优秀的平台，可以对很多资源进行整合，然而，张茵却并没有像自己的很多同行那样实行多管齐下的经营策略，而是专注于纸业，加强对核心业务的扶持和扩张，致力于发展专一而又专业的产业链，这是"加法"。对那些与核心业务无关的经营活动，则尽可能缩减，避免其影响主业，这是"减法"。有加有减，才能使企业迅速发展壮大起来。

在企业成长过程中，最关键的一步是对业务范围和核心业务进行明确定义。如果不清楚企业的核心业务，企业也就无法正确认识自己的竞争力在哪里，面对的竞争者是哪些，应该采用什么样的竞争策略。张茵从在香港创业起就一直以废纸回收为主营业务，随着企业的纵深发展，又逐渐走向造纸。她自始至终坚持造纸业这个核心，从未有所偏离。在这个过程中，玖龙纸业的潜在价值得到了深入的挖掘，核心竞争力也不断获得提升。

专注于造纸

采取归核化战略，往往需要壮士断腕的勇气和决绝，但张茵从来不会缺乏这样的决断和果敢。当国内企业还在大力拓展"多元化"发展之路的时候，张茵就开始了在玖龙纸业中实施归核。

张茵的归核化发展战略主要是通过对企业核心能力的调整——扩大产能，提高玖龙纸业的竞争力和赢利能力来实现的。

经过多年的持续发展，中国的造纸业取得了很大的进步，现在已经占据了世界第一大造纸国的位子，成为世界造纸领域不可小觑的一股力量。并且，我国造纸的总产量仍然处于扩大的状态中，整个行业已经呈现出明显的供过于求的态势。

面对着这种欣欣向荣的发展势头，很多人都只看到了有利的一面，而张茵却注意到了这其中暴露出的不足之处：我国造纸业行业集中度太低，规模较大的企业只占10%左右。大部分企业都是小型造纸厂，规模小、管理乱，无法达到环保要求。由于面对着严重的环保压力，这些小造纸厂的成本不断攀升。近年来，国家加强了造纸业的管理力度，接连颁布多条有关节能减排、规范行业发展的法规政策，不断提高环保标准、对低污染低耗能企业给予优惠，有计划地淘汰落后产能的小厂以及改造环保不达标的工厂。

从政府的一系列举措中，张茵认识到：行业整合与升级已经成为接下来一段时间里造纸业发展的主线。此时正是"大鱼吃小鱼"的良好时机，通过兼并、合作等方式来将这些造纸厂纳入自己麾下，能够极大地提高玖龙纸业的产能，使其竞争力和赢利能力得到进一步提高。

然而，在造纸行业里有成千上万家造纸公司，如何进行选择也是一个难题。张茵的方法很简单——谁与玖龙纸业的需求相匹配，谁就是自己需要的企业。玖龙纸业的主要产品是包装用纸，需要的造纸原料品种比较单一，这样才能够保证规模效应，通过大规模生产使成本保持最低。因此，张茵主要关注那些能够为玖龙纸业提供原料的企业。

如今，许多企业已经习惯了向产业链的下游延伸，对于玖龙纸业来说，产业链的下端是生产纸箱。然而，生产纸箱需要了解客户的具体要求，根据其详细要求定制产品，如果玖龙纸业将自己的业务拓展到这个领域，就会失去赖以生存的规模效益。因此，张茵在经营过程中始终专注于造纸，绝不向下游渗透。她投入的资金、资源及这些投入所形成的产能也是以"造纸"为核心的，不容许有一丝一毫的偏离。

张茵并不追求事业上的面面俱到，在她看来，做好造纸就是最大的成功。

制胜方略：规模为王

东莞、江苏、重庆、天津、越南……遍布国内外的生产基地、仓库、电厂、码头、水厂、运输车队配套完善，张茵的玖龙纸业就像是一个"纸业王国"。

张茵在经营玖龙纸业的过程中，始终坚信"规模为王"。对于造纸业而言，规模是提高利润的基石，只有不断扩大规模，才能获得更高的利润。张茵的这番"规模论"曾经为很多人所不解，甚至认为她过于激进，最终会将玖龙纸业引向歧路。张茵并没有与这些反对的声音进行辩论，而是用玖龙纸业的良好发展向人们证明：在这个以规模论英雄的行业，玖龙纸业是当之无愧的王者。

以规模赢市场

在需求潜力大、处于迅猛增长的市场面前，提高产能、输出更多的产品，是任何一个企业的经营者都心心向往的。然而，如果没有一定的眼光和魄力是无法实现这一点的。尤其是在造纸行业，资金投入巨大、占地面积广、建设周期长，如果没有进行事先布局，市场机遇就会稍纵即逝。

敏锐的战略眼光、果决的执行力，是张茵的与众不同之处，也是她在通往财富巅峰的路上不可或缺的两种特质。

任何企业要想扩大规模，都离不开资金的支持，对于造纸企业而言，资金投入更是关键。1998年，张茵在东莞投资建设的第一条生产线，采用了全球著名的造纸机生产商福伊特的设备。在确定这条生产线的产能时，张茵表现出了一种鲜见的大胆。当时，大多数造纸厂使用的机器年产量仅为两三万吨，产能最大的不过5万吨。然而，张茵却"敢为天下先"，投入巨资引进了一台年产能为20万吨的造纸机。这使得玖龙纸业在起步之初，就奠定了行业领先地位。

1999年，张茵又开始进行二期工程的建设，第二条生产线的年产能为40万吨，设备从芬兰引进，技术堪称世界一流。为此，张茵投入了1亿美元，这在当时是极其罕见的。国内造纸企业纷纷开始关注这家崛起中的同行，并将其列为市场上的有力竞争对手。

在此之后，张茵又先后建设了十多条生产线，几乎每条生产线都实现了在当时而言的最大产能，为此，她动辄投入上亿元的资金。如此大的手笔，如此快的发展速度，令业内大为震惊。

那么，资金从何而来？除了张茵自己的资金之外，银行贷款是张茵最主要的资金来源。张茵在美国的时候就曾经获得了来自中国银行海外分行的贷款，这是张茵得到的第一笔贷款。这是一个良好的开端，从此之后，张茵就与银行业建立起了一种密切而友好的合作关系。在银行那里，张茵一直坚持的原则是：只要给我资金，我就能把蛋糕做大；只要规模能够扩大，就能保证利润。

在当时，张茵的"规模论"还是一种超前的理念，银行人员对纸业没有足够了解，因此对张茵的理念并不理解。所幸，玖龙纸业迅猛的发展势头使张茵赢得了银行的信任，一台台技术先进、产能领先的造纸机还是如期投入了生产。

当然，张茵在扩大规模之路上，还是难以避免地会经历一些命悬一线的惊险时刻。在建设第四条生产线的时候，银行的贷款还没有到位，但为了不影响造纸机投入生产，张茵还是毅然决定提前预订设备。当时，张茵承受的压力是巨大的，但出于她对这个行业的熟悉和把握，最终还是幸运过关了。

扩大劳动型企业的规模除了依靠资金投入之外，还必须解决土地问题。张茵在土地拓展方面的表现也是一般企业家所不及的：玖龙纸业建设东莞总部的时候，收购了麻涌镇的1353亩土地，在这里建成了面积高达35万平方米的厂房，土地成本每亩仅为2万元。收购的土地全部为香蕉林，几乎没有对当地百姓的生活造成什么负面影响。在江苏太仓，张茵收购了将近4000亩土地，每亩地大约为8万元左右……如果当时张茵没有果断出击，到现在，即使花再多的钱，也找不到这么广阔而集中的土地了。

超前的眼光、大量的预投资使张茵引领着玖龙纸业实现了规模效应，很快成为造纸业的领军者。

制胜法宝：生产基地

经过多年的发展，玖龙纸业已经拥有十一条生产线，年产能可以达到将近2000万吨，这在中国乃至全球的造纸企业中都属于领先水平，也为玖龙纸业迅速发展提供了充足的生产力。

这十一条生产线分布于海内外的多个生产基地，这些生产基地是玖龙纸业的制胜法宝。经过张茵的精心布局，玖龙纸业的生产基地已经形成了一个环环相扣的"4+1"模式。

"4"指的是在大陆建立的四个造纸基地：珠江三角洲的东莞、长江三角洲的太仓、西南重地的重庆和环渤海经济圈的天津。决定生产基地是否能够赢利的最关键因素是选址。因此，张茵在选择生产基地地点的时候，主要看基地辐射的市场附近是否水源充足、交通便利。在建设每个基地之前，张茵都会派出专门人员进行调查研究。这四个造纸基地都是依托于经济发达地区而兴建的，不管是长江三角洲、珠江三角洲，还是环渤海经济圈，都具有劳动力资源丰富、出口便利、政府政策支持等优势。利用这些优势，造纸基地可以以最低廉的成本运营，获得最大的经济效益。每个生产基地都能够辐射到四到五个周边省份，很快，全国市场都在玖龙纸业囊中。

"1"指的是越南正阳造纸厂，2008年，张茵成功地将这个造纸厂的控股权纳入麾下，使其成为玖龙纸业在海外的一个实力雄厚的生产基地，为玖龙纸业提供强有力的支撑与保障。

除了"4+1"模式以外，玖龙纸业还拥有稳定的原料供应商——世界上最大的环保造纸原料供应商——美国中南有限公司的支持。至此，玖龙纸业的战略布局已经初步完成，形成一定的规模效应。

规模的逐渐扩大，使得玖龙纸业在市场上的议价能力越来越强，成本不断降低，利润步步攀升。

在以规模赢得市场之后，张茵似乎可以暂时松一口气了。虽然未来的市场竞争必然会愈演愈烈，但在巨大生产规模的承托之下，玖龙纸业可以轻松控制上游资源，把握下游客户，保持足够的市场竞争优势，笑傲群雄。

完善配套设施

随着规模的扩大，配套设施的建设也就提上了日程。张茵深知，生产基地建设与配套基础设施的完善必须并举，如果大肆建设生产基地，却忽视配套设施的完善，就会受到后者的掣肘，导致产能虽然增加了，却无法真正发挥作用。为此，张茵还投入大量资金进行配套基础设施的建设。

造纸企业耗电量、耗水量大，且需要强劲的运输能力与之对应。因此，当地的公用基础设施会受到相当大的压力。如果地方基础设施服务供应出现问题，企业的良性运转就会受到影响，进而对产能产生限制作用。

因此，张茵在经营过程中尽可能摆脱对地方公用基础设施的依赖，自建配套基础设施，实现自给自足。2005年，玖龙纸业投资建设的210兆瓦热电机组实现并网，成功发电。玖龙纸业东莞基地总装机容量能够实现351兆瓦，与一个中型发电厂相差无几。玖龙纸业在江苏太仓基地的热电厂的装机容量也可以达到240兆瓦。强有力的发电能力不但能够为玖龙纸业提供电力保证，而且还使当地电力资源紧缺的局面得到了缓解。

为了解决用水难题，张茵为玖龙纸业建成了两个蓄水池，能够蓄水25万吨，为玖龙纸业提供了充足的水源。除此之外，张茵还投资建设了一个可以实现10万吨日处理量的海水淡化厂和完善的污水循环利用设施，为生产需要提供保障。

运输能力的扩大也是张茵始终关注的问题。为此，玖龙纸业购买了将近400辆重型卡车，组建了物流运输公司，还在江苏太仓建成了一个可以接驳5万吨级货船的货运码头，运输能力获得大幅度提高，使玖龙纸业如虎添翼，在发展之路上一路高歌。

数千亩土地资产、数百亿的投资手笔、世界领先技术的数十条生产线、遍布国内外的生产基地……所有这些，都为玖龙纸业的迅猛发展打下了坚实的基础。

市场战略：顺势而变

2008年突然爆发的金融危机以及这几年来不断起伏跌宕、引发广泛争议的人民币汇率问题，都说明当今的市场环境正处于剧烈的变革之中，而变革引发的浪潮随时会使身在其中的企业遭受灭顶之灾。谁会是变革中的幸存者？不同的企业家具有不同的经营风格，然而，在变化迭起的经济环境中，谁都要时刻保持高度警惕，要灵活地调整企业的步伐，否则，就会被波诡云谲的浪潮卷入其中，使企业走向毁灭。

顺应日新月异的市场环境，采取灵活多变的市场策略出奇制胜，是张茵的独门秘籍。

张茵有一种独特的本领：对于区域市场的发展走势，她总是能够敏锐地及早发现，并且作出正确的判断，甚至主动引导其变化。在此基础上，她会根据社会环境、政策法规、国际经济局势的变化调整市场策略，从而使之更适合于玖龙纸业的市场拓展。

顺势而变

1985年，张茵放弃了自己在深圳的优裕生活，独身一人来到香港创业。因为她对废纸品质的坚持、以信誉为第一原则，再加之当时正值香港经济繁荣期，她的事业很快就步入了正轨，只花了短短6年的时间就完成了资本积累的过程。

然而，张茵并没有因此而满足。在挖到第一桶金之后，她开始对市场进行审视。并发现香港作为一个小岛屿，存在着原材料短缺的先天不足，自己接下来的发展必然会受到这个先天不足的束缚。为了获得更大的发展，她开始调整自己的市场战略——离开香港，将事业的重心转移到美国这个全球最大的废纸资源集聚地。

得益于在香港创业时期获得的丰富的行业经验、一贯坚持的诚信原则、与银行建立的良好关系及由此获得的充分的资本支持，张茵的中南公司很快就在美国废纸回收市场赢得了立足之地。经过几年的发展，中南公司还奠定了美国最大的造纸原料出口商的地位，其出口的原料数量占美国市场出口总额的一半以上。

创业的再度成功并没有使张茵就此迷失，她始终保持着警觉性，时刻观察、关注着市场的发展变化。到了1995年,她再次对自己的市场战略进行了两个重大的调整,一是从美国市场转战到中国国内市场,二是从废纸回收转向造纸领域。

张茵是个雷厉风行的人,一旦制定了战略,就必须马上实施。很快,张茵就回到了国内,组建了东莞玖龙纸业,她的造纸事业由此开始。张茵在自己的人生中实现了一次令人叹服的转身——从贸易领域转向实业,从原材料的供应直接跳到了生产环节。美国丰富的废纸原料为张茵的造纸事业奠定了坚实的基础,与此同时,她也从世界原料市场的变革中看到了中国造纸市场的发展潜力。

任何一次市场战略的调整不仅需要经过充分的调查、研究与筹划,更离不开企业家的魄力和决断。玖龙纸业之所以能够获得如此迅猛的发展,在短暂的时间里成为造纸行业中的翘楚,与张茵对市场战略的不断调整显然有着密切的关系。

竞争利器:原料保障

在中国,造纸企业多如星辰、数不胜数,然而,能够像张茵这样领导着自己的企业走上市场霸主的地位的,却仅此一家。很多人不由猜想,张茵一定有什么秘密武器,使她能在行业里所向披靡。其实,答案很简单,那就是原料保障。源源不断的原料供应,是张茵在竞争中取胜的利器。

玖龙纸业之所以会表现出如此强劲的发展势头,从某种意义上说,要归功于美国中南公司的废纸回收业务。张茵在美国洛杉矶创建的中南公司深入到了造纸业的心脏地带。在这里,张茵收购了大量质量高、品质优的废纸,为玖龙纸业提供了稳定而又廉价的原料。

对于造纸行业来说,其产业链是由三部分组成的:资源是上游,主要包括林木资源及回收的废纸资源;造纸车间属于中游;而生产出的纸制品则构成了下游环节。上下游的供求关系对行业里的利润分配会产生直接影响，甚至起到决定性的作用。如果下游环节需求保持旺盛的态势，那么要想提高利润率，关键的途径就是增强对原材料的控制。

张茵显然熟谙这一点。在转战国内创业之时，她正是基于这样的考量才决定成立造纸厂，而不是将目光投放于其他行业上。事实上，张茵当时的决定可谓一举两得，她的美国中南公司和玖龙纸业都因此获得了新的活力，二者互为支撑、互相助力。一方面，美国中南公司回收的废纸不必再担心销路问题，玖龙纸业的巨大产能完全可以将其消化掉；另一方面，玖龙纸业也获得了超过其他企业的竞争力——原料保障，中南公司占据着全球最大的废纸来源国——美国50%以上的废纸收购市场份额，这使得玖龙纸业再无资源短缺之忧。

在玖龙纸业的废纸回收再利用这一链条上，如果说前端是生产能力领先于其他企业的造纸设备，那么后端就是位于美国的废纸回收系统。这也是为什么在高手如林的造纸业中，玖龙纸业能够一举突破竞争对手理文纸业、景兴纸业、山鹰纸业等的包围、进攻，在牛卡纸、高强度瓦楞芯纸以及涂布灰底白板纸等三个单一产品中稳稳坐牢第一把交椅，将自己的产能稳步扩大，将自己与对手之间的产能距离逐渐拉大，远远地将它们抛在身后，使其无法与自己相抗衡的原因。

产业链创新：林浆纸一体化

随着科技的不断进步，世界造纸工艺不断得到改进、提升，发展越来越迅速。与此同时，为了尽可能摆脱资源、环境以及效益等各个方面的束缚，全球各大造纸企业纷纷开始走可持续发展之路。

如果把企业比作是一只木桶，那么产品、资金、团队、营销等就像是构成木桶的一块块木板，而限制企业发展的往往是木桶中最短的那块木板。对于造纸企业来说，产业链就是那块束缚其发展的"短板"。

为了改善这一点，以"没有环保就没有造纸"为理念的张茵率先在产业链方面开始进行探索。为了实现节省资源、保护环境、降低成本、提高产品质量、保证经济效益等目标，张茵一直致力于建设林浆纸一体化产业链。

掷60亿在云南种树

2008年6月6日，张茵的丈夫刘名中出现在云南的一个签约会上。在会上，他作为香港凤凰林业投资有限公司的代表与云南省政府签订了一项"关于发展速生丰产林项目的战略合作框架协议"。这是个投资巨大的项目，总金额大约为60亿元人民币。根据这个协议，香港凤凰林业投资有限公司可以在云南临沧、德宏、大理等地发展速生林项目。

云南速生林项目在造纸业内炙手可热，几乎每个企业都对这个项目垂涎三尺。早在2004年的时候，印尼的金光集团就开始积极运作，目的正是为了在云南开始林木项目。两年后，金光集团获得了云南省政府相关部门的支持和许可，收购了云景林纸，从而获得了这家企业旗下拥有的一百万亩浆材林基地，并就此与云南省开发投资公司签订了一份正式的合作协议。

然而，由于当时金光集团规划营造的纸浆林基地涉及了相当大面积的天然林，而荒山荒地包括采伐迹地不到5%。因此，国家林业局和国际上的一些环保组织为了保护自然资源，纷纷对此进行干预，金光集团采取了各种措施进行斡旋也无济于事，最后，这个项目只能以失败而告终。

其他造纸企业虽然也看准了云南林木项目这块"肥肉"，然而，由于种种原因也纷纷折戟沉沙。因此，当香港凤凰林业这家名不见经传的公司获得在云南发展速生林项目的资格时，业内一片惊叹，纷纷猜测这家企业的来头。

实际上，这家凤凰林业正隶属于张茵旗下，云南速生林项目是张茵构建林浆纸一体化产业链的第一步。

在2008年6月的签约会上，当刘名中伴随着热烈的掌声走进会场时，云南省侨办的一位负责人隔着很远的距离就向他伸出了祝贺的双手。这位负责人打了一个生动的比方，将香港凤凰林业投资有限公司与云南省政府的这次合作过程比喻为一次时间长达一年的恋爱。在"恋爱"过程中，双方都是十分愉快的，并且在多个方面达成了共识。

其实，张茵早就盯上了这块众人皆觊觎不已的"肥肉"。早在2007年华商论坛期间，张茵在接受采访时就曾经表示"希望能够去云南"。在那期间，张茵还四处奔波，到云南几个州市实地考证、察看现场，为云南林纸浆一体化项目进行充分的准备。

然而，令人惊讶的是，出席云南速生丰产林项目签约会的刘名中并不是以玖龙纸业的高层管理者身份去的。这也就意味着，张茵在极力撇清这个项目与玖龙纸业之间的关系。这不由得不令人疑惑。

对此，刘名中解释说，凤凰林业是张茵的一个投资项目，与玖龙纸业的发展并没有什么关联，因此，不必过多提及，这样也能够将两家企业明确地区分开来。

这又是张茵的高明之处。企业在经营发展过程中，经常会遇到各种各样的风险，凤凰林业与玖龙纸业虽然都是张茵的产业，但如果将这两家企业捆绑在一起，当遇到风险的时候，这两条绑在一起的"船"必然会同时遭遇覆灭之灾，谁也无法逃脱；而将这二者区分开来，就能够避免互相牵连，有效地规避了风险。

尽管凤凰林业看上去与玖龙纸业毫无联系，但这并不代表它在以后的发展中就不能助玖龙纸业一臂之力。实际上，凤凰林业在云南的速生林项目正是张茵构建林浆纸一体化产业链的一个重要组成部分。

不难想象，如同中南公司一样，凤凰林业将会成为张茵纸业王国的另一个坚强后盾，为其提供坚实的依托。

转移重心为哪般

很多人都对张茵将视线突然转移到林浆纸一体化上大为不解。事实上，这正是张茵具有前瞻性的一个表现。

造纸的生产流程是培育速生林、用速生林造纸浆，再用纸浆制成纸。所以，对于造纸企业来说，上游产业为纸浆市场，整个产业链的利润主要集中于土地、林、浆、纸等各个环节，并在这些环节里进行分配，而利润最高的环节莫过于林业。然而，玖龙纸业甚至国内大多数造纸企业都将自己的主要侧重点放在了造纸环节，造成了同质化竞争，使得国内造纸企业的生存环境越来越恶劣。

而且，目前全球森林覆盖率已经呈现出了逐渐缩小的趋势，在世界市场上，木材资源短缺的局面不可避免地出现了，木材价格因而持续走高，且从长期来看，这一态势是无法扭转的。由于我国的造纸企业使用的原木浆大多数是从国外进口的，因此，在价格上就会受到国际纸浆市场的制约和束缚。为了尽可能控制成本，我国造纸企业就习惯于降低纸浆结构中木浆所占的比重，这就导致了纸制品品质的提升受到阻碍，也降低了我国造纸企业的国际竞争力。

这都严重制约了我国造纸企业的发展，玖龙纸业也难以避免地遇到了这样的瓶颈。

在经营的过程中，张茵逐渐认识到了这一点。她对国外市场进行考察时，发现在当前的国际造纸市场上已经出现了新的趋势，那就是林浆纸一体化循环发展。这种发展模式不但能够解决造纸过程中遇到的原料瓶颈，掌握大量上游资源，而且也使企业从依靠规模效应降低造纸成本走向对原料林浆的控制，从而提高核心竞争力。

因此，张茵决定借鉴世界发达国家造纸工业的经验，着力于拓展速生丰产原料林基地的建设，并将自己的目光锁定在林业资源丰富的各大林区，希望在这些地方建成大型林浆生产基地，把造林、制浆、造纸、销售这几个环节结合起来，建立一条环保、高效的产业链，形成以纸养林、以林促纸的产业格局，缓解原材料瓶颈，降低成本，提高市场占有率，获得更大的利润，增强玖龙纸业在行业中的竞争力。

与此同时，由于受到金融危机的影响，美国废纸回收价格不断走高，航运成本也在迅速增加，这使得张茵依靠回收废纸造纸的"黄金链条"被打破，玖龙纸业的利润空间被压缩得越来越小。张茵切实感受到了建设林浆纸一体化产业链的重要性和迫切性。

除了在云南开启的速生林项目之外，张茵还锁定了内蒙古、重庆甚至越南等林木资源丰富的地区，在这些地方投资建设了大批木浆基地。

林浆纸一体化产业链的构建对于张茵来说无疑是一次巨大的战略调整，这意味着玖龙纸业已经拥有了属于自己的木浆资源，在原料供应方面能够得到更加充分的保证。对木浆资源控制力的不断提高，也说明张茵已经彻底摆脱了单纯依靠"废纸回收"赢利的局面，转向了利润率更高的高端"特种纸"市场，开始寻求均衡发展。

剑走偏锋

然而，尽管张茵在林浆纸一体化的道路上可谓"一路狂奔"，却仍然显得有些晚了。

在此之前，政府一直对木材实行出口退税政策，那个时候外资造纸企业并没有获准进入中国市场，尤其是大规模地进军中国更是会遭到了各方面的排斥、阻挠。2003 年 5 月，世界第二大纸业巨头芬兰芬欧汇川看好了中国的木浆资源，想在湛江建设木浆厂，甚至已经初步签订了合作意向书。

然而，当时湛江本地的大多数木材贸易公司获得利润的主要途径都是木材出口退税，如果外资造纸企业在这里建设造纸厂，为了降低成本，必然会就近采购本地周边的木材资源，这就会对木材贸易公司的经营造成冲击，使其利润率大幅度降低。出于这个原因，湛江的许多木材贸易公司联合起来对芬兰芬欧汇川进行抵制，阻挠其在湛江落户，最后导致了这个计划的流产。

到了2007年，我国政府取消了木材出口退税政策，大量依靠出口退税维持生计的木材贸易公司由于失去利润来源纷纷破产、倒闭。许多外资企业借着这个契机，纷纷抢占中国的造纸市场，印尼的金光集团就是在此时大规模进军中国的。外资企业落户中国，不但能够获得大量木材资源，更重要的是，他们还在中国圈租林地并设立造纸厂，挤占了中国造纸企业的立足之地。而在当时，中国的造纸企业尚未意识到抢夺木浆原料的重要性，因此，失去了先机。

到了张茵开始将玖龙纸业的战略重点转移到造林这一环节的时候，放眼望去，全国木材资源丰富的好地方基本上都已经被外资企业以及一些有先见之明的国内造纸企业捷足先登、瓜分完毕了。以北部湾地区为例，由于其辐射范围能够遍及海南、广西和广东等地，因此成了商家必夺之地，云集了金光集团、斯道拉恩索和晨鸣纸业三大造纸巨头，其他造纸企业根本无法插脚。

然而，张茵总是"不走寻常路"，她又一次做出了令业界惊讶的举动——放弃圈占林地资源，不从虎口夺食，而是采取"发展速生丰产林"的模式。

张茵的云南战略，可谓剑走偏锋。然而，这一剑却收获了意想不到的效果。在云南发展速生丰产林，不但能够帮助当地的林业迅速实现规模化、产业化，使林农的收入得到大幅度提高，还为当地政府带来了丰富的税收收入；从另一个角度说，张茵的速生丰产林项目以林木资源的可再生性和可持续开发性为基本立足点，比如，她只对那些生长速度快的林木进行砍伐利用，对于那些生长缓慢的林木则任由其自由生长，这与政府一直提倡的可持续发展实现了良好的契合。也许正是这个独特的思路打动了当地政府，也使玖龙纸业与其他企业相比，有了与众不同的形象。

环保理念：废纸就是森林

"白纸黑水"是传统造纸业留给人们的深刻印象，然而，张茵的玖龙纸业却能够颠覆人们的这种印象。在玖龙纸业，高大的烟囱笔直地耸入云霄，工人们有条不紊地忙碌着。你在这里看不到缭绕不尽的烟雾，闻不到浓烈刺鼻的气味，也听不到机器的巨大轰鸣，整个生产基地干净而又整洁。这一切，都是张茵倡导并坚持发展"低碳"产业的结果。

20多年前，年轻的张茵决定以废纸回收作为自己创业的切入点时，也许根本想不到，在未来的某一天，"纸"和"低碳"这两个看起来似乎没有任何关联的词语会发生联系。张茵把最古老的行业和最先进的理念紧密联系在一起，把中国四大发明之一的"纸"玩出了新花样。

低碳富豪榜的新科状元

低碳概念的提出还要追溯到2003年。这一年，英国政府发布了一份名为《我们能源的未来：创建低碳经济》的能源白皮书，在这份白皮书里，"低碳经济"的说法被第一次提出。英国政府希望通过发展低碳经济减少能源损耗和浪费，促进生产力的提高，尽可能避免环境污染，提高全球人民的生活水平和生活质量。

低碳概念契合了当前大工业时代环境破坏日益严重并逐渐得到世界各

国的共同关注这一趋势，因此，在短短几年时间里，低碳概念就在全球范围内得到了广泛的认同，甚至引领了第四次工业革命浪潮。

胡润百富榜也顺应这种"低碳"潮流，适时推出了"低碳富豪榜"。低碳富豪榜以"低碳"二字为核心，抓住了时代的脉搏。近些年来，低碳经济已经成为最热的话题，各行各业都在关注低碳。环保人士议论低碳，着眼点是人类与自然、与社会的可持续发展；政府机关三句不离低碳，是为了实现经济增长方式的良性转型；商界精英们讲低碳，是以经济效益和社会发展的有机结合为立足点。而胡润低碳富豪榜的推出，也不能简单地看成是一个财富排行榜。

之前出现的各种各样的排行榜，大多数都把焦点汇聚到了企业家的财富上，很少关注其社会价值。然而，低碳富豪榜却以"低碳"为突破口，通过这种形式肯定企业家的社会责任感，鼓励更多的富豪们将资金投入到低碳经济中去。

2009年11月2日，第一届"胡润低碳富豪榜"发布，张茵出人意料地夺得了榜首桂冠，以总资产330亿元获得了"中国低碳女王"称号。2010年10月，第二届"胡润低碳富豪榜"火热出炉，张茵家族以350亿元的财富蝉联"低碳首富"，成为一颗发展低碳经济的耀眼明星。

张茵为什么能够成为低碳首富？这与其始终奉为圭臬的低碳理念是密不可分的。张茵在经营过程中，一直坚持"没有环保，就没有造纸"的发展理念。玖龙纸业以废纸为原料加工成纸，实现了资源的可再生利用。张茵重视节能减排，在废水和废气处理方面大力引进先进技术，对环保作出了重要贡献。

对于低碳经济的重视也使得张茵从中获益匪浅。玖龙纸业的低碳发展受到了众多投资者的认可，花旗集团就因此将玖龙纸业的投资评级调高到了"买入"评级，并把其目标价调到了15.2元，售价有了大幅度提高。在这些投资者眼中，在未来几年，玖龙纸业由于低碳经济模式将会实现业绩的迅猛增长，其后市表现将会非常强劲。

低碳领域具有极大的发展空间，其中蕴涵的商机更是数不胜数。低碳财富在中国民营经济中呈现出了令人咂舌的增长速度，低碳行业同样能够给创业者带来巨大的财富，必将成为投资者的新宠。

从目前来看，张茵已经成为低碳经济的赢家。她的成功之处正是由于她在企业经营发展过程中将商机、发展、环保等各个要素很好地结合在一起。张茵不但抓住了低碳经济时代稍纵即逝的商机，最重要的是，她勇敢承担起了保护环境的社会责任。

告别"白纸黑水"

低碳经济时代的到来对于造纸企业而言，既是千载难逢的好机会，也是巨大的挑战。

造纸行业是以林木资源为依托的。现在社会上存在一种误解，认为造纸业是一种林木资源消耗型行业，实际上并非如此。真正具有社会责任感的造纸企业是不会去砍伐原始林木的，张茵就没有加入到2008年的"圈林运动"中，而是在云南大造速生丰产林。

造纸业对林木的需求会给人们植树造林带来推动力，因此，从某种角度说，造纸业是一个有利于优化自然环境的低碳行业。以造纸业最常见的高档纯木浆纸为例，4立方米林木能够生产出1吨纸制品；而在自然界中，每立方米林木就能够吸收将近2吨二氧化碳，并且能够释放出1.5吨的氧气。由此可见，一条40万吨产能的现代化纯木浆纸生产线，能够直接或者间接促进160万立方米的林木生产。这些林木每年将会吸收300万吨二氧化碳，释放出260万吨氧气，这对于自然环境将会起到很大的净化作用。

因此，如果坚持可持续的经济增长方式，造纸业与环境之间将会实现共赢。这个市场的发展潜力是难以想象的，低碳经济对于企业的经营来说，无疑是一条鱼与熊掌兼得的发展道路。

作为亚洲最大的现代化包装用纸生产集团，玖龙纸业一直以实际行动贯彻着张茵提出的"低碳"理念。

造纸企业在生产过程中需要排放出大量的废水、废料，这些排放物容易对环境造成破坏。为了避免这一点，在国内建厂伊始，张茵就注重在企业里塑造"没有环保，就没有造纸"的文化氛围，让员工充分意识到环境保护的重要性，并将这种意识融入到了生产的每个环节中。

张茵为玖龙纸业制定了三大环保举措，主要包括：

其一，90%以上的原材料都来自于废纸，尽可能减少林木资源的使用量；

其二，利用"四大循环"进行节能减排；

其三，引进先进技术，对废水、废气进行净化处理，实现污染零排放。

在张茵的各项环保措施中，最为引人注目的莫过于"四大循环"了，这是玖龙纸业对中国造纸业的一个创新。

第一个循环——对第一次提取木浆之后的水进行回收，这样可以实现一举两得的效果：一是能够节约一半的水资源，二是可以进一步提取这些废水中的纤维；

第二个循环——对造纸机造纸之后残余的、渗漏出来的木浆进行回收再利用；

第三个循环——造纸之后的废渣会产生大量的沼气，把这些沼气导入到锅炉燃烧室里，就能够产生蒸汽；

第四个循环——把废弃的纸渣集中起来用来焚烧发电。

通过这四大循环，充分利用各种水循环系统节约用水，玖龙纸业在造纸过程中的耗水量就可以达到全球领先水平；将废水中的纤维进行再利用，就能够有效地节约资源；即使废渣、废水等废弃物也能够得到重复使用，物尽其用。

到现在为止，张茵仅在环保方面就投入了巨额的资金，从生产的各个环节来贯彻"低碳"理念——

废纸造纸：在原材料的环节，保证90%的废纸利用率。在这方面，玖龙纸业不仅是国内用废纸造纸的领头羊，更是环保造纸的先锋军。

废水处理：废水是造纸业的主要排出物，也是造成环境污染的一大元凶。为了解决这个问题，张茵投入大量资金引进了世界上技术最为先进的废水处理设备，实现了生产用水的循环再利用，尽可能减少废水排出，使其物尽其用，最大程度地节约水资源。除此之外，张茵还是"第一个吃螃蟹的人"——在国内率先引进了厌氧加好氧技术。玖龙纸业经过实践，证明这一技术能够更高效地对废水进行处理。为了提高造纸业的环保标准，张茵还致力于在国内推广这种先进技术。可以说，玖龙纸业的每个细节都闪现着"低碳经济"的光芒。

废渣回用：对废渣进行回收利用，使其重新回到生产线上。这样做一方面降低能源消耗，另一方面也能够变废为宝，发挥其最大价值。2003年，玖龙纸业还建成了国内第一台环保型固体废物焚烧炉。随着企业的不断发展，生产规模的逐渐壮大，一台固体废物焚烧炉已经不能满足需求。于是，张茵又投入巨资新建了两台固体废物焚烧炉。仅此一项，一年就能够为企业节省3万多吨的标准煤。

废纸：城市里的森林

对于中国造纸业来说，林木资源匮乏是阻碍其发展的绊脚石，尤其是我国在速生丰产林建设方面的步伐十分缓慢。造纸企业为了谋求发展，只能从国外进口木浆，这使得造纸成本始终居高不下，严重影响了我国造纸业的进步。

然而张茵却独辟蹊径，从环保角度着眼，率先开始采用废纸作为造纸原料。她将玖龙纸业定位为一个废纸回收造纸的环保企业。在她看来，少用木浆就是对自然环境作出的一个重要贡献。

在我们的生活中，废纸几乎到处可见。大多数废纸被随意丢弃，尤其是纸质包装品，如牛奶盒、鞋盒、文件袋等，由于体积小，不易收藏，这些东西往往被人们随手扔到了垃圾箱中。这不但会导致大量的资源浪费，还会对环境造成一定的不良影响。殊不知，这些废纸如果收集起来，就能够再利用，制造出新的数量惊人的纸制品。

在世界上很多造纸业发达的国家，废纸回收被称为"城市里的森林"，因为废纸回收能够实现资源重复利用、降低对环境的污染、减少能源损耗等。下面的一些数据也许能够加深你对废纸回收重大意义的理解，1吨废纸能够生产出大约0.8吨成品纸，其节约的资源是惊人的：3~4立方米的木材可以免于砍伐，1.2吨标准煤、600度电、100多吨水可以投入到其他产品的生产过程中。与此同时，自然环境也不必承受因为造纸而排放出的大量废物，从而减轻了治理环境所带来的沉重负担。换言之，废纸的循环再利用，能够帮助我们节省大量的林木资源，使我们的后代能够拥有更多的森林。

在很长的时间里，我国的造纸业都是以牺牲环境、浪费资源为代价来换取利益的。然而，张茵却没有走这条老路，玖龙纸业自成立以来，一直以废纸回收再利用的循环经济形势作为自己的发展模式。

在成立伊始，张茵就投入巨资引进了当时在中国造纸业还处于领先地位的造纸设备，用废纸作为原料进行包装用纸的生产，开了利用废纸制造高档包装纸的先例，为业内其他企业指明了发展方向。这一做法不但满足了国内市场对高档纸制品的需求，还使大量林木资源免遭砍伐。

在此之前，纸制品包装的匮乏是我国出口商品的一个难以解决的"短板"。然而现在，各色各样的出口商品纷纷"穿"上了实用而又优质的纸质外衣。海尔、可口可乐、耐克、索尼、TCL等产品所采用的包装都来源于玖龙纸业。经过十几年兢兢业业地经营，玖龙纸业凭借废纸回收概念、环保理念发展成为亚洲最大的包装纸生产企业，缔造了多个国际一流的造纸基地。张茵一直在以实际行动践行着自己的绿色理想，也树立了一个"变废为宝"的低碳经济典范。

节能减排确保"低碳"

造纸业是污染排放的重点行业，也是能耗的主力军，居我国五大高耗水行业之首，因此，在低碳经济时代，节能减排也是造纸业需要关注的一个问题。

为了卓有成效控制污染、尽最大努力降低造纸对环境造成的恶劣影响，张茵引领着玖龙纸业不断加大技术改革的力度，引进世界先进处理工艺，尽快淘汰落后的产能，并通过提高管理水平、综合利用等各种各样的措施，从源头上对污染进行控制，提高资源利用效率，减少和避免生产过程中污染物的产生和排放，开创了一套全新的低碳经济发展模式。

张茵一直将节能减排工作放在一个非常重要的位置上。在玖龙纸业里，她还专门成立了一个领导小组，专门负责企业的节能减排工作，制订切实可行的节能规划，推动节能工作的进行和拓展，对企业的节能工作以及年度节能计划的落实进行计划、部署。

为了更好地实现节能减排的目标，张茵还将占造纸成本3%~5%的费用投入到环保领域，为节能减排工作提供充足的资金支持。张茵用这笔钱成立了节能技改专项资金，并且每年都会增加这个专项资金的数额。专项资金主要用来设计、试验、新建和改造以节能为主要目的的各个项目，在企业内进行节能宣传、教育、培训、国际合作和公共信息平台建设，等等。

张茵在生产方面采取了一系列措施有：

其一，从国外引进了当前世界上技术最为先进的节能造纸设备，采用居世界领先地位的造纸技术，在造纸过程中将节能减排放在重要位置，使玖龙纸业的各项节能指标都能够达到甚至超出国家规定的标准。

其二，在生产系统中，张茵抓住了废水循环利用这个突破口，不断提高水资源的循环利用率，尽可能"节流"。玖龙纸业的各个生产线都配备了完善的白水回收循环利用系统，造纸机的白水回收利用率可以达到100%。张茵还在生产基地制定并大力推行节水、排水指标考核制度，从源头上对造纸过程中的用水量进行控制。在充分保证产品质量的前提下，生产过程中尽可能使用能够生化降解的辅料，使废水处理的负荷降低到最小的程度。

其三，不断进行技术改革，更新各个生产基地的设备。2009年，张茵只在玖龙纸业重庆生产基地就先后进行了6次技术改革，改善了生产、热电部分设备和管道等设备，使其节能减排效果保持最佳状态。通过技术改革，玖龙纸业每年能够节约400多万立方米的新鲜水源，成本降低了200多万元，污水处理费用也得到了大幅度消减。

张茵不但在生产环节注重对能源、环境的保护和利用，在对企业的内部管理上，也始终提倡节能、环保，并且以身作则，厉行节约。

走进玖龙纸业，你就会发现这里的与众不同之处：在夏天，无论多热，空调温度始终设定在27度，即使是张茵的办公室也毫不例外；只有在打印机使用的时候才会打开电源，其他的时间统统关闭；下班以后，所有办公设备的插头都要拔掉；离开办公室的最后一个人负责关灯，决不允许出现办公室空无一人却灯火通明的现象……虽然这些细节看上去无足轻重，但却能够充分体现张茵在管理中对于"节能"、"环保"这些原则的坚持。

张茵还在玖龙纸业中制定了一个《合理化建议管理制度》，倡导员工针对节能畅所欲言，为低碳经济模式提出合理化建议。这些建议如果被采纳，提出者还可以根据建设实施后的经济效益获得相应的奖励，这在很大程度上提高了员工参与节能减排的积极性。

玖龙纸业始终坚持推行低碳经济、重视节能减排，为建设环境友好型企业而不断努力。得益于此，玖龙纸业在环保、低碳经济等方面都树立了良好的企业形象，这在很大程度上都要归功于张茵的"绿色"理想。从某种意义上说，玖龙纸业能够实现高速扩张，迅速发展壮大，除了大规模融资以外，良好的企业社会责任感也是获得投资者青睐的重要因素。

以低碳作为后盾、以技术革新作为动力，张茵的玖龙纸业在造纸行业中将会更加引人注目，创造更辉煌的业绩。

第七章
成功之道:有原则地去赢

有原则地去赢,是张茵自始至终坚持的理念。无论是在巨大的市场诱惑面前,还是在信誉为重和经济损失之间抉择时,她都如磐石一般坚守着这一原则。要赢,就有原则地去赢,"企业家的身上应该流着道德的血液"——张茵,一直践行着这一点。

专注为成功奠基

当前，全球的经济环境处于不断变革与发展之中，企业也不得不面对越来越多的不确定性。对于大多数企业来说，生命周期正在不断缩短。1900 年闯入道琼斯指数的 12 家企业，如今绝大部分已经销声匿迹，只有通用电气依然笑傲江湖。而 10 年前统计的财富 500 强中，有将近一半的企业已经破产倒闭。可口可乐、IBM、宝洁等到现在依然在市场上占据一定地位的企业才是真正富有生命力的企业。纵览这些企业，它们都有一个共同的特点：经营者始终保持专注，不为市场的诱惑所动。

"专注"二字看上去十分简单，但要坚持到底却并不是一件易事，其中所经历的磨炼与挑战只有自己才能体会。在专注的背后，隐藏的是一种超乎寻常的忍耐力和恒心，这也是大多数成功企业家的共同特质。专注同样也是张茵走向成功之路的不二法则，如果不是始终坚持在造纸这一领域寻求发展，也许如今的造纸业就不会有玖龙纸业的踪影了。

十年坚持一个目标

对于现代企业管理而言，"专注"代表着坚持如一、拒绝诱惑，能在你方唱罢我登场的市场竞争中耐得住寂寞，牢牢把握住客户的需求变化，为满足这种变化而付出努力。在多年的经营管理中，张茵始终以"专注"为指路明灯，在造纸这条路上一走就是十多年。

做企业和做人是一个道理，如果什么都想做，最终的结果肯定是什么都做不成。因此，张茵在创业的过程中从来没有幻想着同时进入很多领域。对她来说，只要把造纸这件事做大了，做强了，就是自己最大的成功。

然而，张茵的专注并不是盲目的。她的专注是建立在对自己的长处和优势的了解基础之上的。1985年，张茵来到香港创业，当她第一次接触废纸回收这一行时，就发现了自己对这一行抱有极大兴趣。在接下来的经营过程中，她的才能得到了充分地发挥，且无论处境多么艰难，她总能轻松应对，并很快在香港市场上打开了局面。

她的专注同样也来源于对自己所从事的事业的信心。张茵对于市场的敏锐观察力让她在造纸业尚处于起步阶段的时候就发现了其中蕴涵的巨大市场潜力。对于造纸业光明前景的坚信使得张茵在这条道路上一直步伐坚定，从未有任何迟疑。

十多年来，张茵和她的团队始终认准一个目标——成为全球第一的包装纸生产供应商。不管是在玖龙纸业的高速扩张时期，还是在金融危机侵袭导致玖龙纸业股价大跌之时，张茵都没有偏离这个目标半步。

"专注"的价值并不在于能够在短暂的时间里完成一件事，而是通过持续不断地完善、改进方法，以满足市场需求而体现出来的。正是因为有了对目标的坚持、有了长期的专注，张茵的玖龙纸业才拥有了领先于别人的"基因"，也才能在市场上表现出强劲的发展势头。

相对于一束激光而言，太阳的能量是巨大无比的，但太阳光却不能将一张纸穿透，而一束小小的激光却可以做到，甚至能够穿过厚厚的钢板，这就是专注的力量。回望世界商业史，我们就会发现，像张茵一样用心专注的企业家大多都获得了辉煌的成就。

专注于一个目标，并尽自己最大努力将其做到极致，正是现代企业发展的精粹。在各行各业中，许多看上去并没有什么特色的企业，正是因为专注，才能够逐渐发展壮大，甚至横扫全球市场。

专注铸就核心竞争力

如今，我们的时代已经进入了一个高速发展的阶段，创造财富的速度

信誉比黄金更宝贵

张茵在创业过程中,曾经不止一次地经历过痛苦难熬的时光,然而,不管是在人生地不熟的香港创业期间,还是身陷"血汗工厂"风波之时,抑或是玖龙纸业股价跌落到历史最低点时,她始终能够绝处逢生,走出低谷,重建辉煌。张茵总是说自己"运气好",遇到了天时、地利和人和的好时机,但究其根源,这与她在商场中一直坚持信誉至上的理念是分不开的。

张茵把信誉视为自己的灵魂,把它当成自己拥有的最有价值的财富。在她的成功道路上,无论经历什么风雨,良好的信誉总是为她保驾护航,助她成功到达财富巅峰。

用信誉熬过三次创业

张茵一共经历了三次创业:第一次是 1985 年在香港淘金,白手起家;第二次是转战美国,从头再来;第三次则是回归国内,创建玖龙纸业。在这三次创业过程中,张茵都是通过"信誉"这块敲门砖,打开市场大门,从而铸就了自己今时今日的辉煌。

1985 年,当张茵放弃自己的一切来到香港时,她身上全部的财物加起来只有她工作多年辛辛苦苦积攒下的 3 万元。对于一个创业者来说,3 万元如同杯水车薪。然而,此时的张茵还拥有一样无法用物质来衡量的财富——对信誉的坚持。

从张茵打破当时香港废纸回收业沿袭良久的"行规"开始,对信誉的坚持就成为她经营企业的底线。张茵的好信誉为她赢得了很多造纸厂商的信任和认可，在圈内树立了极为可贵的良好声誉。许多造纸厂都愿意和她合作，她的生意很快就兴旺起来，她也因此积攒下了广泛的人脉。正是在生意场上的良好信誉使张茵在香港市场站稳了脚跟，挖到了创业的"第一桶金"。

后来，因为香港资源匮乏，废纸原料有限，张茵的事业也因此受到了束缚。于是，张茵决定和丈夫移民美国，在美国这个世界造纸业的心脏地带开始自己的第二次创业。

初到美国的张茵既没有什么资源支持，也毫无人脉可言，只能一切从头开始。在她最艰难的时候，良好的信誉再次助她一臂之力，为她打开美国市场立下汗马功劳。

当时的张茵虽然是"摸着石头过河"，一切都要重新摸索、积攒，但她在当时就意识到，要想在对手如林的造纸业里赢得一块立足之地，首先必须要有稳定的货源，要和合作方搭建起一种可靠的、完善的货源网络。

在别人看来，废纸回收就是"收废品"，一手交钱一手交货，运作模式极其简单。但实际上，废纸回收和其他生意一样，要想做大做强，必须形成正规的渠道体系。此外，信誉的重要性也是不言而喻的。只要签订了合同，不管遇到何种情况，都要执行。

但是，在当时的废纸回收市场上，很多废纸商因为经常受到市场价格波动的影响，习惯了见风使舵、投机钻营。当市场处于低迷状态的时候，他们就干脆退出市场，拒不履行合约，从而使客户遭受巨大损失；当市场开始繁荣之时，他们就大肆收购，低价买进高价卖出。这样的废纸商虽然能够暂时获得一些短期利益，然而因为缺乏信誉，从长期来看，必然会受到供货商的抵制，最终使自己受到惩罚。

张茵看不惯这样的恶劣行径，她反其道而行之，把供货商看做是自己的衣食父母，站在他们的角度来考虑事情，尽自己最大努力实现与合作伙伴的互惠互利，在风险来临之时，也勇于承担自己的责任。价格下降之成功。

然而,张茵的专注并不是盲目的。她的专注是建立在对自己的长处和优势的了解基础之上的。1985年,张茵来到香港创业,当她第一次接触废纸回收这一行时,就发现了自己对这一行抱有极大兴趣。在接下来的经营过程中,她的才能得到了充分地发挥,且无论处境多么艰难,她总能轻松应对,并很快在香港市场上打开了局面。

她的专注同样也来源于对自己所从事的事业的信心。张茵对于市场的敏锐观察力让她在造纸业尚处于起步阶段的时候就发现了其中蕴涵的巨大市场潜力。对于造纸业光明前景的坚信使得张茵在这条道路上一直步伐坚定,从未有任何迟疑。

十多年来,张茵和她的团队始终认准一个目标——成为全球第一的包装纸生产供应商。不管是在玖龙纸业的高速扩张时期,还是在金融危机侵袭导致玖龙纸业股价大跌之时,张茵都没有偏离这个目标半步。

"专注"的价值并不在于能够在短暂的时间里完成一件事,而是通过持续不断地完善、改进方法,以满足市场需求而体现出来的。正是因为有了对目标的坚持、有了长期的专注,张茵的玖龙纸业才拥有了领先于别人的"基因",也才能在市场上表现出强劲的发展势头。

相对于一束激光而言,太阳的能量是巨大无比的,但太阳光却不能将一张纸穿透,而一束小小的激光却可以做到,甚至能够穿过厚厚的钢板,这就是专注的力量。回望世界商业史,我们就会发现,像张茵一样用心专注的企业家大多都获得了辉煌的成就。

专注于一个目标,并尽自己最大努力将其做到极致,正是现代企业发展的精粹。在各行各业中,许多看上去并没有什么特色的企业,正是因为专注,才能够逐渐发展壮大,甚至横扫全球市场。

专注铸就核心竞争力

如今,我们的时代已经进入了一个高速发展的阶段,创造财富的速度

专注为成功奠基

当前，全球的经济环境处于不断变革与发展之中，企业也不得不面对越来越多的不确定性。对于大多数企业来说，生命周期正在不断缩短。1900年闯入道琼斯指数的12家企业，如今绝大部分已经销声匿迹，只有通用电气依然笑傲江湖。而10年前统计的财富500强中，有将近一半的企业已经破产倒闭。可口可乐、IBM、宝洁等到现在依然在市场上占据一定地位的企业才是真正富有生命力的企业。纵览这些企业，它们都有一个共同的特点：经营者始终保持专注，不为市场的诱惑所动。

"专注"二字看上去十分简单，但要坚持到底却并不是一件易事，其中所经历的磨炼与挑战只有自己才能体会。在专注的背后，隐藏的是一种超乎寻常的忍耐力和恒心，这也是大多数成功企业家的共同特质。专注同样也是张茵走向成功之路的不二法则，如果不是始终坚持在造纸这一领域寻求发展，也许如今的造纸业就不会有玖龙纸业的踪影了。

十年坚持一个目标

对于现代企业管理而言，"专注"代表着坚持如一、拒绝诱惑，能在你方唱罢我登场的市场竞争中耐得住寂寞，牢牢把握住客户的需求变化，为满足这种变化而付出努力。在多年的经营管理中，张茵始终以"专注"为指路明灯，在造纸这条路上一走就是十多年。

做企业和做人是一个道理，如果什么都想做，最终的结果肯定是什么都做不成。因此，张茵在创业的过程中从来没有幻想着同时进入很多领域。对她来说，只要把造纸这件事做大了，做强了，就是自己最大的也在不断提升。对于李嘉诚、洛克菲勒这样的商业巨子来说，巨额财富可能需要十几年、几十年的不断打拼与辛苦积累。然而，对于现在不断涌现出来的财富精英们来说，这个速度已经堪比蜗牛爬行一般缓慢了。以 google 的创始人谢尔盖·布林（Sergey Brin）和拉里·佩奇（Larry Page）为例，他们只用了两年左右的时间就创造出了 160 亿的财富。他们的创富速度告诉人们，一夜暴富不是神话，而是确有可能发生的事情。

每个人都渴望一夜暴富，但并不是谁都有这样的好运气，即使是谢尔盖·布林和拉里·佩奇也并不例外。他们的财富传奇建立在对于搜索引擎的执著与专注之上，与运气无关。专注造就奇迹，张茵深谙这一点。在张茵的创业过程中，她时时提醒自己，要持之以恒，专注于自己的领域，只有这样，才能为成功奠定坚实的基础，使自己的企业真正强大起来。

任何一个企业要想获得成功，就一定要具备一种超过别人的能力，也就是核心竞争力。什么是核心竞争力？简而言之，就是企业在发展过程中逐渐形成的无法被竞争对手照搬、模仿的技术、能力或者资本能量。核心竞争力能够为企业带来巨大利润，能够使企业在市场竞争中立于不败之地。

据统计，目前我国一共有三四千家造纸企业，分布于轻工、林业、农业等系统内。除了西藏之外，全国各个省市都拥有大量的造纸企业。要想在多如牛毛的竞争对手中脱颖而出，奠定领先的市场地位，不具备一定的核心竞争力，是绝对不可能实现的。

玖龙纸业的核心竞争力是通过专注于自己的优势领域而获得的，玖龙纸业也因此获得了持续而又长久的发展。

张茵在经营过程中始终把生产高质量的包装纸作为自己不可推卸的责任，并且以此为自己的目标，数十年如一日。经过多年的发展，玖龙纸业的三大品种系列——牛卡纸、瓦楞纸、白板纸都已经在国内获得了最大的市场占有率，稳坐头把交椅。

玖龙纸业还创造了"玖龙"和"海龙"两个民族品牌。如今，这两个品牌在世界市场上都已经具有了一定的知名度，可口可乐、索尼、海尔等著名企业都采用了玖龙纸业的包装纸，其产品在玖龙纸产品的坚固保护下走向国内外市场。

与此同时，张茵还致力于完善造纸技术，提高造纸水平。为此，玖龙纸业积极引进国际标准化管理体系，先后通过了ISO9001质量管理体系、ISO14001环境管理体系和OHSAS18001职业健康安全管理体系的认证。这些措施使玖龙的产品质量、环保水平、生产安全以及管理水平都得到了大幅度的提高，玖龙纸业逐渐走上了国际标准化管理道路。

专注使张茵在造纸这条路上越走越远，越走越畅通。现在，玖龙纸业生产的产品种类丰富，高强瓦楞纸、环保牛卡纸、白面牛卡纸、本色牛卡纸以及涂布白板纸等诸多品种、任意幅宽的包装纸系列产品都能够在这里找到踪影。除此之外，玖龙纸业还可以为客户弹性设计产品组合，轻松满足国内外包装纸市场对不同幅宽、不同层次的纸制品的需求，为客户提供贴心且完善的服务。

拒绝盲目多元化

近年来，中国经济的快速发展为各行各业提供了良好的发展契机。很多企业都借着这股"东风"得以发展壮大。当企业进入成熟期后，就会面临这样一个问题：在自己所处的行业发展到一定程度之后，是否应该向其他领域拓展？大多数企业都给出了肯定的答案。放眼望去，中国相当大一部分企业都在追求多元化的发展模式。对于这个问题，张茵却给出了相反的回答。

从始至终，张茵的目标一直锁定造纸这一行，在这个领域里"深耕细作"，不断提升自己的产业水平，拒绝盲目多元化。与那些努力把"摊子"铺大的企业相比，张茵的玖龙纸业看上去更像一个异类。

张茵认为企业的生存与发展是一个长期的过程，如果希望自己的企业能够走得更远一些，就要注重积累。如果自己不坚持造纸，转向其他暴利行业发展，虽然在短期内会获得可观的利润，但从长期的角度来看却是得不偿失的。这种行为只能被称为"投机"，不会有未来，也毫无发展前景可言。

对企业而言，形成足以使自己在市场上独树一帜的竞争力，培养起有利于企业发展的文化氛围，都不是一蹴而就的，是需要长期准备、不断完善的。如果张茵为短期利益所惑，放弃了对造纸的坚持，改去从事房地产、金融等其他行业，那么，今天的玖龙纸业也许早就已经被市场淘汰，纸业帝国也就无从谈起了。

后来，当玖龙纸业的生产基地在广东东莞、江苏太仓、重庆、天津等地遍地开花，张茵的"纸业帝国"在国内外已经形成一定规模之后，业内很多人士都以为张茵接下来会开始横向发展，向其他领域进军。然而，张茵的部署却令他们再度吃了一惊。张茵开始着手速生丰产林项目的规划，准备打造林浆纸一体化产业链，提高企业的核心竞争力。

在张茵看来，核心竞争力的塑造和提升应该放在企业发展的首要位置。伴随着"红海"时代的全面到来，产能过剩已经成为必然的趋势，市场竞争将会变得更加激烈、更加白热化。在这种情况下，如何才能战胜竞争对手？答案是显而易见的，只有当你的企业具备别人不具备的优势时，你才能成为市场的赢家。而玖龙纸业的发展历程也确实证明了这一点。

在世界500强企业中，绝大多数企业的核心竞争力都是从其最擅长的行业中所获得的，面面俱到的多元化战略并不能给企业发展带来多大的帮助，甚至会起到负面影响。

国内很多企业都曾经面监过由于盲目多元化而濒临危机的局面，这种非理性的发展模式不但会使企业原有的主打产业受到威胁，严重时还会导致企业覆灭。最有说服力的一个例子就是曾经红极一时的"健力宝"品牌的衰落。

1984年,许海峰在洛杉矶奥运会的那一枪使中国人实现了金牌"零的突破",中国代表队一鼓作气,一共拿下了15块金牌,金牌数位居金牌榜第四。中国人在奥运赛场上第一次尝到了成功的喜悦。作为中国奥运代表团的特供饮料,健力宝也在这次奥运会上一炮而红,获得了来自国内外的广泛关注,它甚至被国外媒体称为"东方魔水"。从此,健力宝开始了辉煌的历程,曾经连续十年在中国软饮料年产销量榜上排名第一。

随着健力宝在市场上的知名度越来越高,健力宝的经营者为了谋求更大的利益,开始将企业的触角伸到了饮料包装、医药、房地产、快餐甚至体育服装等多个互不相干的领域。然而,多元化发展的健力宝逐渐走上了歧途,经营者们不再将企业的主要资金投入到主品牌的经营中,这导致健力宝的资产结构开始倾向畸形。尽管健力宝的其他业务资产超过了企业总资产的一半,但糟糕的是,这些业务的赢利能力却相当低。盲目的多元化使健力宝开始出现应接不暇的局面,逐渐顾此失彼。最后,这个饮料市场的宠儿只能关门大吉。

"百年积累,毁于一旦",这正是盲目多元化展示给人们的结果。由此看来,张茵锁定造纸这一领域,拒绝盲目多元化,是明智之举。

任何一个企业都只是组成社会的无数个"细胞"中的一个,寄希望于一个"细胞"来完成社会分工的所有环节,是不可能的。多元化是否能够成功,并不是由企业拥有的资产数量决定的,关键在于你是否能够专注地将自己所处的这个产业做到极致。

如今的社会已经进入了一个"专注"制胜的时代,不管市场环境如何变幻多端,不管企业面临的竞争怎样的残酷无情,像张茵这样依靠企业的专业化优势来专注做好产品和服务的人一定能够成为行业的领军者。

信誉比黄金更宝贵

张茵在创业过程中,曾经不止一次地经历过痛苦难熬的时光,然而,不管是在人生地不熟的香港创业期间,还是身陷"血汗工厂"风波之时,抑或是玖龙纸业股价跌落到历史最低点时,她始终能够绝处逢生,走出低谷,重建辉煌。张茵总是说自己"运气好",遇到了天时、地利和人和的好时机,但究其根源,这与她在商场中一直坚持信誉至上的理念是分不开的。

张茵把信誉视为自己的灵魂,把它当成自己拥有的最有价值的财富。在她的成功道路上,无论经历什么风雨,良好的信誉总是为她保驾护航,助她成功到达财富巅峰。

用信誉熬过三次创业

张茵一共经历了三次创业:第一次是 1985 年在香港淘金,白手起家;第二次是转战美国,从头再来;第三次则是回归国内,创建玖龙纸业。在这三次创业过程中,张茵都是通过"信誉"这块敲门砖,打开市场大门,从而铸就了自己今时今日的辉煌。

1985 年,当张茵放弃自己的一切来到香港时,她身上全部的财物加起来只有她工作多年辛辛苦苦积攒下的 3 万元。对于一个创业者来说,3 万元如同杯水车薪。然而,此时的张茵还拥有一样无法用物质来衡量的财富——对信誉的坚持。

从张茵打破当时香港废纸回收业沿袭良久的"行规"开始,对信誉的坚持就成为她经营企业的底线。张茵的好信誉为她赢得了很多造纸厂商的信任和认可，在圈内树立了极为可贵的良好声誉。许多造纸厂都愿意和她合作，她的生意很快就兴旺起来，她也因此积攒下了广泛的人脉。正是在生意场上的良好信誉使张茵在香港市场站稳了脚跟，挖到了创业的"第一桶金"。

后来，因为香港资源匮乏，废纸原料有限，张茵的事业也因此受到了束缚。于是，张茵决定和丈夫移民美国，在美国这个世界造纸业的心脏地带开始自己的第二次创业。

初到美国的张茵既没有什么资源支持，也毫无人脉可言，只能一切从头开始。在她最艰难的时候，良好的信誉再次助她一臂之力，为她打开美国市场立下汗马功劳。

当时的张茵虽然是"摸着石头过河"，一切都要重新摸索、积攒，但她在当时就意识到，要想在对手如林的造纸业里赢得一块立足之地，首先必须要有稳定的货源，要和合作方搭建起一种可靠的、完善的货源网络。

在别人看来，废纸回收就是"收废品"，一手交钱一手交货，运作模式极其简单。但实际上，废纸回收和其他生意一样，要想做大做强，必须形成正规的渠道体系。此外，信誉的重要性也是不言而喻的。只要签订了合同，不管遇到何种情况，都要执行。

但是，在当时的废纸回收市场上，很多废纸商因为经常受到市场价格波动的影响，习惯了见风使舵、投机钻营。当市场处于低迷状态的时候，他们就干脆退出市场，拒不履行合约，从而使客户遭受巨大损失；当市场开始繁荣之时，他们就大肆收购，低价买进高价卖出。这样的废纸商虽然能够暂时获得一些短期利益，然而因为缺乏信誉，从长期来看，必然会受到供货商的抵制，最终使自己受到惩罚。

张茵看不惯这样的恶劣行径，她反其道而行之，把供货商看做是自己的衣食父母，站在他们的角度来考虑事情，尽自己最大努力实现与合作伙伴的互惠互利，在风险来临之时，也勇于承担自己的责任。价格下降之时，她也坚持履行合约，绝不推脱；一旦涨价，就随行就市。不论市场风云如何变幻，张茵都坚守承诺，绝不背信弃义。

为了使自己能够在跌宕起伏的市场中屹立不倒，张茵采取与供货商一次性签定数年合同的做法，这样做既能够使供货商获得保障，自己也可以拥有充足而又稳定的货源。很快，张茵的信誉就使她在美国废纸回收市场上赢得了肯定，这也正是她的生意能够获得迅速发展的重要因素之一。

1995年，张茵把握住了国内牛卡纸市场出现缺口的机遇，回到国内开始第三次创业——在东莞建立了玖龙纸业。在这次创业过程中，她凭借有口皆碑的信誉再次创造了一个奇迹——她用了不到十年的时间，就在国内外建成了多个生产基地，使自己的事业版图遍及海内外。

然而，熬过三次创业的难关并不代表张茵在以后的事业历程中从此就能够一帆风顺。市场对张茵信誉的考验还在不断地进行着。

玖龙纸业登陆香港股市的时候，张茵遇到了自创业以来的又一次挑战。张茵在香港完成了第一次推介会后，由于路演的效果十分显著，投资者的反响十分热烈，玖龙纸业的股票竟然超额认购了200多倍。当时，投资银行告诉张茵，她可以根据这一情况来对股票定价进行调整，这样，她就能够获得更大的收益。然而，张茵却并没有因此而心动，她回应投行说："玖龙纸业要做的是百年基业，对于我们来说，信誉是最宝贵的。我讲过的话，不管是对员工、对政府，还是对社会，只要说了就是要算数的。"放弃调整股价使张茵损失了不少收益，但是她认为这么做是值得的。因为信誉比黄金更宝贵，做生意最重要的就是一个"信"字。

市场是个炼金炉，只有那些像张茵这样始终坚持诚信的企业家才能够经受住市场的考验，在市场竞争中笑到最后，获得市场的丰厚回报；而那些欺瞒客户、毫无信誉可言的企业总有一天会被淘汰出局，被历史的大潮湮没。

商场如战场，一个企业家是否能够领导自己的企业在愈演愈烈的市场竞争中立于不败之地，赢得信誉是关键的一环。张茵和她的玖龙纸业正是因为其值得称道的信誉而赢得了合作者与消费者的支持，同时也从他们那里获得了实实在在的经济利益。

平稳度过信誉危机

信誉能使企业获得来自各方面的支持，使企业的净资产增值，促进企业良性发展。即使是处于困境中的时候，良好的信誉也能够为企业摆脱危机提供力量，给企业带来转圜的余地。这也正是很多企业家对于企业信誉尤为重视的原因。

2008年，张茵遭遇一场前所未有的信誉危机。一个名为SACOM的香港民间团体发布的一份报告，名为《2008年首季香港上市企业内地血汗工厂报告》，这份报告将张茵和玖龙拖进了"血汗工厂"的舆论漩涡中。

2008年对于张茵来说，是一个多事之秋。这已经不是张茵第一次面对公众舆论的"道德评判"——在之前的"两会"期间，张茵发表的针对新近出台的《劳动合同法》的提案，引起全国上下一片哗然。

就像我们之前所说的那样，"三重门"接踵而至，使张茵面临着创业以来的最大信誉危机。这些危机将张茵推向了一个令人难堪的道德审判台：她究竟是一个具有社会责任感的爱国企业家，还是一位无情榨取劳动者利益的黑心老板？

当这场风波掀起波澜之时，张茵正在美国为在全球发售一次性还款优先票据，为向亚洲及欧洲的国际机构投资者展开路演而奔波忙碌。

就在张茵无暇应对来自外界的各种指责、疑惑的时候，玖龙纸业的员工勇敢地站了出来，主动为张茵正名。这些员工在工作中感受到了张茵的坦诚与诚信，他们了解自己的老板是一个什么样的人，因此，面对"血汗工厂"的骂名，他们如鲠在喉，不吐不快。

通过销售部的一名员工在信里言辞恳切的话语，我们就能窥见张茵的真实面貌：

最近一段时间看到网上和部分媒体发布的关于公司的一些不实报道，作为一名玖龙公司的员工，作为一名每天都工作和生活在玖龙的玖龙人，我感到非常痛心和愤慨。看到我所热爱的玖龙和我所尊敬的张茵董事长受到一些不实报道及某些人的无端抨击和指责，作为一名有良知的人、作为一名公司的老员工，我觉得有责任、有义务谈谈我所看到的、亲身经历到的玖龙。毕竟，事实胜于雄辩，无端的抨击和指责并不能掩盖真实的玖龙。

我是1996年大学毕业就直接来东莞玖龙纸业有限公司工作的，现就职于玖龙公司销售部。一转眼，12年过去了，12年间我从一名刚刚毕业的学生成为一名玖龙公司的销售人员，而东莞玖龙也从1996年的筹建处发展成为今天年产365万吨的大型造纸企业。回首过去12年的经历，我为玖龙迅猛的发展速度而倍感自豪、我为玖龙创造了世界造纸发展史上的奇迹而欢欣鼓舞。

作为玖龙公司最早的一批员工之一，我很庆幸自己能在玖龙创业之初就进入了玖龙；作为玖龙公司发展的见证者、亲身经历者，我为公司、为自己感到无比自豪。过去12年，公司给予了我很多、为我提供了良好的工作待遇和发展平台，使我有机会随着公司的迅猛发展而逐步成长；过去12年，在公司的悉心培养和领导的关心指导下，我由对销售工作的一知半解到比较熟悉，我个人也从业务员被公司提拔为业务主管再到区域经理；过去12年，我付出了一些，我也收获了很多，公司为我提供了广阔的发展机会。我自己在公司的成长经历证明了公司一贯实行的"以人为本"的管理理念，只要你肯努力，公司肯定会让你做到人尽其才；只要你肯付出，公司一定会给你相应丰厚的回报。

回首过去12年的工作经历，我始终对公司怀有深深的感激之情，感激公司给了我工作的机会和发展的平台，在这里我成家立业、在这里我找到了人生的舞台。我想，我会一直怀着这颗感激的心去为公司服务、去为公司做出我最大的努力。

作为公司的老员工，作为一名工作、生活在玖龙的玖龙人，我非常珍惜每天在公司工作、生活的点点滴滴。我非常清晰地记得创业之初公司高层领导与我们的同甘共苦，我非常清晰地记得非典时期公司全体员工的众志成城，我非常清晰地记得公司组织的生态之旅，我非常清晰地记得公司率先实行的双休日，我非常清晰地记得公司率先实行的十天带薪假期，我非常清晰地记得公司组织的烧烤飘香，我非常清晰地记得公司中秋、春节文艺晚会的好戏连台，我非常清晰地记得年终餐会上董事长、刘总裁、张总裁的亲切笑容和暖心话语，我非常清晰地记得年终谈话时董事长的谆谆教诲，我非常清晰地记得公司2006年3月3日香港的成功上市，我非常清晰地记得公司十周年庆典晚会上那沉甸甸的金牌……这一切，都是公司为我们每一位员工创造的，值得我们去好好珍惜！

当然，因为公司的高速发展有些方面可能还存在不完善、不尽如人意的地方，这就更需要我们每一位玖龙人去更好地加强和完善自己的工作，从我做起、从一点一滴做起，来为我们的玖龙添砖加瓦，让我们的玖龙发展得更加健康！

员工的支持以及多年来有目共睹的良好信誉使得张茵最终平稳地度过了这次信誉危机。设想一下，如果张茵在经营过程中没有把信誉放在首要的位置，又怎么能够在很短的时间里赢得客户的理解、赢得员工的体谅？张茵视信誉为自己的生命，而信誉也将玖龙纸业带进了一个讲道德、守规则的良性发展轨道。

诚信是企业共同价值观的核心要素，是企业竞争力的动力源。如果一个企业不讲信誉，一开始就以赚黑心钱作为自己的核心价值观，无视消费者的利益，把社会公德和伦理抛在一边，那么这个企业是注定不可能长久发展下去的。只有诚信至上，企业才能基业永青。

以社会责任为己任

2010年1月,张茵应邀参加了在重庆举行的第一届"华商贡献奖"颁奖典礼。在这个盛典中,张茵和玖龙纸业双双获奖。她对经济、社会发展所作的贡献,她的社会影响力以及社会责任感都得到了世人的高度肯定。颁奖典礼上的张茵依然坚持自己的低调风格,真诚而又坦率的态度令媒体如沐春风。

身为民营企业家的张茵曾经获得无数荣誉,"首富"、"低碳女王"等字眼为她戴上了耀眼的光环。然而,在张茵看来,最值得珍视的荣誉却莫过于世人对她的社会责任感的认可。

地震中见真情

2008年5月12日14点28分,一场特大地震突然爆发,汶川及其周边区域刹那间被夷为平地,昔日美丽的家园不复存在,数万同胞的宝贵生命被无情夺去。

获悉汶川大地震的消息后,张茵大为震惊,她的心被那些在灾难中挣扎的人们牵动着。她在第一时间代表玖龙纸业向四川灾区捐赠了1000万元,希望能够尽自己的绵薄之力,帮助受灾群众早日从地震的痛苦中走出来,重建家园。

与此同时,张茵还号召玖龙纸业的员工参与到救灾当中,通过各种各样的方式来援助四川灾区。玖龙纸业的工会组织还对来自四川的员工进行了慰问,了解员工家里是不是受到地震影响、影响的严重程度,并且积极帮助四川籍员工寻找失去联系的亲人,为那些在地震中有亲属不幸遇难的员工安排返乡事宜。

除此之外，张茵和丈夫刘名中还参加了由国侨办组织的"携手共建——知名侨资企业家四川行"活动。在目睹了灾区的困难情况后，张茵当场决定与丈夫再次捐款500万元，他们用这笔资金成立"玖龙光彩教育专项基金"，专门用来支持灾区的教育事业。玖龙光彩教育专项基金在灾区重建的过程中发挥了重要作用——其中的300万元用来建设"玖龙侨爱"小学，剩余的200万元也全部用来建设灾区的校舍，使孩子们能够在明亮、牢固的教室里读书、学习。

有人质疑张茵在"做秀"，目的是为了扩大自己企业的知名度。然而，在张茵看来，财富是取之于社会的，当然也要用之于社会。捐款并不是出于宣传自己的目的，而是为了表达自己的一片赤诚之心，是为了回报社会。

事实上，当国内发生各种大灾害，企业家们踊跃捐款、奉献爱心的时候，张茵没有一次是缺席的。2010年4月，青海省玉树发生地震，2000多人在这次地震中丧生。当时张茵正在国外考察，当她在媒体上看到有关玉树地震的报道时，她的整颗心都揪了起来，她立刻与国内的玖龙管理人员联系，表示要向玉树灾区捐款。

地震发生后不久，张茵通过国侨办、中国侨联有关基金会，向玉树地震灾区紧急捐赠了500万元人民币，全力支援灾区人民抗震救灾及重建家园的工作。张茵还担心这笔钱只是杯水车薪，解决不了什么问题，所以，第二天，她又通过中国侨联向玉树灾区追加捐款500万元人民币。

"穷则独善其身，达则兼济天下。"张茵一直以自己的实际行动践行着这一信念。她的强烈的社会责任感也得到了人们的肯定。2008年12月5日，由于在慈善事业上所作出的努力以及卓越贡献，张茵荣获了"2008年中华慈善奖——最具爱心慈善捐赠个人"这一奖项。这是社会对张茵的一种肯定，也是一种鼓励。从这样的肯定中，张茵获得了前所未有的力量，在之后的慈善事业上也倾注了更多的心血。

热心公益，回报社会

张茵总是将玖龙纸业的辉煌业绩归功于改革开放的良好契机、社会经济环境的完善和中国经济的腾飞。她总是感慨万分地说，自己之所以能够获得今日的成绩，完全是因为社会的支持。因此，她时刻怀有感恩之心，将回报社会当做自己义不容辞的责任。

张茵的这种公益理念也深深融入到了她的经营管理过程中。奉献爱心、守望互助、在别人急需帮助的时候献出自己的微薄之力，已经成为玖龙纸业的企业文化精髓。玖龙纸业的每个员工都以此为准则，并将其贯穿于自己的所作所为之中。

张茵对自己有一个十分明确的定位——从中国走出去的新移民。作为新移民，她对自己的祖国怀有深厚的感情，即使是在美国创业期间，她也会时时关注中国的发展建设。她的心中有一种永远无法改变的情结——爱国情结。她在采访中总是深情地表露自己的这一心迹——我们是在祖国这片土地上成长起来的，也是从这片土地走出去接触更广阔的世界的，无论如何，这里都是我们的根。

正是受到了这种爱国情怀的驱动，张茵始终关注着中国的公益事业。有一次，她和丈夫刘名中一起在家里看电视，电视上出现了一个关于重庆彭水的新闻。镜头里的孩子们面黄肌瘦、穿着破烂，为了上学，他们每天需要走很长的路才能到达学校。有些孩子由于家里经济困难，只能辍学务农。当时张茵连午饭也吃不下去了，流着泪看完了这个报道。她当即和丈夫商量，要给这些孩子一些帮助。

第二天，张茵一到公司就开始落实这件事。她派公司员工到重庆彭水先去了解实际情况，调查媒体报道是否属实。张茵虽然乐善好施，但却坚持一个原则——每一笔钱都要用在刀刃上，决不能滥用。员工经过认真调查之后，发现彭水地区的孩子们确实生活拮据。于是，张茵向彭水的四个小学各捐助了一笔钱，保证这里的400多名孩子每天中午都能够吃上可口的午餐。

这样的故事在张茵的捐助史上比比皆是。1998年，东北发生了特大水灾，张茵从媒体上了解到了灾区人民的境况之后，立刻毫不犹豫地捐出大量款项用来赈灾，帮助他们尽快从困境中走出来。

不但对于那些遭受磨难的弱势群体，张茵会表现出悲天悯人的情怀，对于自己的同行、竞争对手，张茵也是如此。有一年，江西的某个纸业公司遭遇了火灾，企业在不得已的情况下只能停产，经营状况受到了沉重的打击。张茵得知了这一情况后，立刻慷慨解囊，向这家企业捐了几十万元，助其恢复生产。

自成立以来，张茵的玖龙纸业不仅为上万人提供了就业机会，为政府缴纳了数十亿元的税金，而且还拿出了700多万元资助近千名国内贫穷地区的孩子上大学。同时，张茵在全球最优秀的大学之一的美国哥伦比亚大学设立奖学金，对没有经济能力读硕士和博士的中国优秀留学生给予捐助，资助金额在百万美金以上，目的是为中国培养优秀人才。

由于张茵在公益事业上所作出的卓越贡献，1999年，张茵应邀参加了中国建国50周年纪念北京阅兵大游行活动。

张茵认为，参加阅兵典礼、受到国家领导人的接见，对于自己来说不但是一种无上的荣耀，也是国家对自己努力回报社会的一种肯定与赞许。"我是华人，我的根在中国，我要在有生之年，在中国这块热土上倾注我的全部心血。"

在美国，张茵受到居美华裔商人组织的"美中工商协会"的邀请，成为这家协会的名誉会长，为美国当地华裔商人的商界活动提供支持。在中国，对于中国政府举办的各种活动，张茵也十分关注并积极参与，只要有需要她的地方，她从不推辞。

2010年,比尔·盖茨和巴菲特来中国举办了一场慈善晚宴,张茵也收到了他们的邀请函。对于慈善,张茵有自己独到的理解。"对于慈善事业,每个企业都有自己的想法,不能模仿别人,更不能人云亦云。"张茵认为,参与公益事业对于每个企业来说都是不可推卸的社会责任,但是具体怎么做,还是要因人而宜。

从张茵的身上,我们能够深切感受到优秀企业家不只是社会财富的创造者,还是时代精神的代表者。

不管是在市场诱惑面前不为所动的"专注",还是在企业经营过程中将"信誉"奉为圭臬,抑或是对社会责任磐石般的坚守,都体现着张茵对于原则的坚持。有原则地去赢,是张茵自始至终坚持的成功之道。

要赢,就有原则地去赢,张茵一直用自己的行动践行着这一点。

第八章
管理哲学：柔性回归

　　作为一个女性企业家，张茵的管理之道更偏重柔性化，这与那些以强硬著称的男性企业家形成了鲜明对比。当女性的柔性特质与企业管理有机而巧妙地结合在一起时，它所产生的力量无疑是令人惊叹的。

大家庭，大公司

从一个名不见经传的小工厂发展成为中国及至世界最大的箱板原纸产品生产商之一，张茵对玖龙纸业投入了大量的心血。玖龙纸业之所以能够取得今日的辉煌成绩，与张茵的管理哲学是紧密相连的。

三重境界

国学大师王国维在《人间词话》里曾经总结出了为学的三重境界——"古今之成大事业、大学问者，必经过三种之境界：'昨夜西风凋碧树，独上高楼，望尽天涯路'，此第一境也。'衣带渐宽终不悔，为伊消得人憔悴'，此第二境也。'众里寻他千百度，蓦然回首，那人却在灯火阑珊处'，此第三境也。"纵观张茵走过的发展历程，我们会发现，她的管理理念的发展成熟也可以用这三重境界来形容。

张茵的创业初期正值中国民营企业的萌芽阶段。作为第一代民营企业家，张茵在造纸行业里摸爬滚打，积攒了丰富的经验。她对自己所处的行业、对当时、当地的市场环境、对企业生存的压力与挑战都了如指掌。因此，在创业道路上不管遇到什么样的拦路虎，她都能凭借自己的智慧与努力轻松化解。

然而，令她困惑的是，管理这个她一直忽视、认为无足轻重的问题，却成为了她创业过程中一个难以解决的难题。张茵早就习惯了单打独斗，并且一手缔造了一个"纸业帝国"。在这个过程中，她只要"管理"好自己就足够了。此时的张茵在管理上正可谓"昨夜西风凋碧树，独上高楼，望尽天涯路"。

因为创业环境和条件的限制，张茵在此时对于管理的真谛了解得并不深入，也尚未意识到管理所具有的"四两拨千斤"的作用。然而，当企业初具规模，员工数量呈几何级数增长的时候，张茵才发现，以往的成功经验已经不再适用于如今的企业，管理的难题不知不觉凸显出来，成为摆在她面前的一件不得不集中力量去解决的事。为此，她经历了"衣带渐宽终不悔，为伊消得人憔悴"的第二重境界。

蝴蝶经过艰难而又长久的挣扎才能破茧而出。对于张茵来说，这个蜕变过程同样漫长而又痛苦。她投入了大量的时间和精力来摸索管理之道，也曾经历了数次失败。张茵所经历的困境并不是一个例，这几乎可以说是中国第一代民营企业家经历过的的共同困境。市场环境的迅速变化给原先在商场上如鱼得水的他们泼了一盆又一盆的冷水，逼迫着他们必须去学习、去适应、去更新自己的观念，引领着他们的企业走上管理的正轨。他们都与张茵站在同一个起跑线上。只不过，在这个艰难的蜕变过程中，有人被淘汰出局，有人幸免于难，还有人完成了华丽的转身，悟出了真正的管理之道。张茵属于第三种人。

"众里寻他千百度，蓦然回首，那人却在灯火阑珊处。"此时的张茵已经意识到：在纷繁的生产力要素中，人是最为活跃、最为关键同时也是变数最大的一种要素。不管是"事"、"物"，还是"财"都是由人来进行管理，甚至"人"也是要由人来管理的。管理从本质上说就是管人。在"灯火阑珊处"的，是自己的员工，他们才是企业的根本！

通过了解玖龙纸业的发展历程，我们可以清晰地看到第一批中国民营企业在管理模式上的转变历程。

2006年，当张茵戴上了"中国首富"这顶光芒四射的桂冠时，很多关注的目光都投向了她。然而，张茵却坚持认为，自己能够获得首富称号，在富豪如林的"胡润财富榜"上登顶财富巅峰，是在员工和管理层的共同努力下实现的。这份荣耀不属于自己一个人，属于玖龙纸业的全体员工。

正是因为对员工的重视，使得张茵在管理玖龙纸业的过程中顺风顺水，赢得了员工的一致信任与支持。

以柔克刚术

在中国历史上，三国鼎立时期一直是世人着墨较多的一段历史，而最大的关注点莫过于这个时期各个领袖的管理风格，尤其是曹操与刘备的管理风格。不管是在疆域面积、资源还是人才方面，刘备的实力与曹操相比都略逊一筹，尽管如此，刘备却敢于凭借自己微薄的力量与曹操抗争。这也许可以归因为刘备对人心的把握。刘备以柔治国，用自己的真诚俘获了旗下诸多将领，使他们愿意追随自己，为自己打天下。

作为一个女性企业家，张茵的管理之道显然更偏重柔性化，这与那些以强硬著称的男性企业家形成了鲜明对比。

张茵的以柔克刚术并不难理解，在管理企业的过程中，她始终坚持的原则是：顺应人性、尊重人格、理解人心。

张茵对于玖龙纸业的每个员工都有着充分的尊重，因为他们才是玖龙纸业全部利益的创造者。为了规范员工在工作中的言行举止，张茵制定了严格的奖惩制度。然而，她内心十分清楚，真正能够有效起到约束作用的并不是这些硬梆梆的、冰冷的条款，而是人性化的管理。她独树一帜地在玖龙纸业中倡导民主管理，让员工能够自己做主、民主决策，并且通过各种各样的民主措施使员工充分感受到自己作为企业"主人"的重要性。

张茵拿出很多时间与员工交流、沟通，并以此为乐。她还大力鼓励员工与管理层之间、员工与员工之间的沟通。在玖龙纸业，员工在工作中遇到了任何问题，都可以找到相应的管理者倾诉，而管理者必须充当好倾听者的角色，并尽己所能为员工排忧解难。

管理者与员工之间总是存在着一道天然的界线，很多企业家往往习惯于严守这道界线，害怕与员工打成一片会使自己的威信下降，影响自己的权威。然而张茵却与众不同，她总是尽可能地使这道界线变得模糊。

对于员工来说，张茵并不是一个威严的、不可接近的企业老总，而更像一个邻家大姐。尤其对那些年纪和张茵的儿子相差无几的一线员工来说，张茵更像是一位疼爱自己孩子的母亲，关爱他们，为他们着想。

作为一个生产基地遍布国内外的大型企业，张茵在大部分时间里都要在外面跑来跑去。因此，她只有在年初或者年末召开重大会议的时候，才会出现在工厂里。尽管这样，每到一个生产基地，遇到员工的时候，张茵总是会微笑着向他们打招呼，绝不会像一般的管理者那样摆出一副冷冰冰的面孔。

张茵用她的"以柔克刚术"征服了玖龙纸业的员工，她的亲和力使得员工对玖龙纸业产生了一种强烈的归属感。员工的工作热情就这样被充分地调动了起来，每个员工都积极投身于自己的工作中，热爱自己的岗位。这种热情最终转化为工作时的勤奋、主动，玖龙纸业的业绩因此也实现了迅猛增长，并不断开创新高。

以人为本

如果要用最简练的语言来概括张茵的管理之道，那么"大家庭，大公司"这六个字就足以涵盖张茵管理哲学的全部。

在玖龙纸业，张茵一直致力于营造家的氛围，让在这里工作的员工仿佛置身于自己家里一样轻松愉快。而这种温馨的氛围也将员工的创造性和积极性最大限度地激发了出来，使他们愿意并且乐于为自己的企业、为自己的"家"奉献自己的力量，创造更大的价值。

每年年底的时候，张茵都会为员工举办一场春节晚会，让辛苦忙碌了一年的员工能够轻松地聚在一起，聊聊天、看看节目，使他们的身心获得充分的放松和愉悦。员工对这场春节晚会的重视程度一点儿也不亚于中央电视台的春节联欢晚会，他们会积极参与晚会的筹备工作。很多员工为了这场晚会，甚至在过年的时候也坚持留在公司里。这场晚会对于员工来说就像是一次"充电"，在欢声笑语中，过去一年的疲惫、劳累一扫而空，他们以更加积极的精神面貌投入下一年的工作中。

每年的春节晚会都在员工活动中心举行。张茵不希望自己的员工像机器人一样每天只知道工作，她认为良好的休息是高效率工作的充分保证，员工活动中心正是她为了丰富员工的业余生活、让他们能够有一个条件好一点的活动场地而特意兴建的。

在这个员工活动中心里，除了一年一度的春节晚会之外，每隔一两个星期，还会举办一些文娱活动，比如舞会等。不管是玖龙纸业的员工还是员工家属，只要有兴趣就可以免费参加。玖龙纸业还为员工聘请了专业的舞蹈老师，教员工秧歌舞、韵律操、健身操、江南小调以及各民族的民间舞，等等。员工聚在这里其乐融融，既可以一起翩翩起舞，展现自己美妙的舞姿，也可以尽情放歌，一展优美的歌喉。通过这样的活动，员工更加团结了，朋友之间、同事之间的感情也得到了加深。

员工活动中心只是玖龙纸业良好的企业氛围的一个缩影。除了为员工修建活动中心外，张茵还为他们提供了更多的福利，比如舒适而现代化的员工宿舍。相比其他企业，玖龙纸业的宿舍条件十分优越，不仅各种设备一应俱全，还配备了保安保护大家的人身和财产安全。

为了满足员工的生活需要，玖龙纸业还在宿舍区进行了一些配套基础设施的建设，比如超市、理发店、餐厅，等等。玖龙纸业在东莞的生产基地占地面积很大，为了方便员工上下班，张茵还为他们开通了几条巴士线路。从以上措施可以看出，张茵对员工的关怀可谓无微不至。

张茵不但在物质生活上对员工进行充分照顾，对他们的精神生活也很关注。她为那些表现优异的员工提供出国培训、集体度假旅游的机会，尽可能提高他们的生活质量。这些福利待遇激励着员工不断努力、积极进取。

结束了一天的辛苦工作后，员工在回家的路上可以顺便拐到超市买菜，为家人做上一顿可口的饭菜。如果不想做饭的话，也可以去餐厅吃饭。吃完饭后，一家人可以在小区的操场上悠闲地散散步、打打网球，还可以参加公司组织的丰富多彩的活动，比如舞会、运动会等，有的时候还可以在小区里看露天电影。这就是玖龙纸业的普通员工真实生活的一个缩影。

张茵曾经说过："如果我能开得起奔驰车，那么我的员工也一定能买得起本田。领导者不能只顾自己富裕，还要想着大家一起富裕。"一句话道破天机，这其实正是张茵管理哲学的真谛：想员工之所想，急员工之所急。企业与员工因此形成了一种和谐的关系，相互之间形生了充分的信任感，真正实现了"人企合一"。

以柔克刚术和以人为本的管理理念使得玖龙纸业形成了一种牢不可破的凝聚力。这种凝聚力在企业内部产生了一种磁石般的吸引力，促使企业的每个员工都能够充分发挥自己的积极性和创造性，为玖龙纸业的发展贡献自己的力量。在这种凝聚力的指导之下，玖龙纸业的所有员工找到了一个共同点，并将共同的信念、共同的追求和共同的行为准则塑造成玖龙纸业独具特色的企业文化。凝聚力成为一种强大的推动力和约束力，这是玖龙纸业最为宝贵的精神财富，给企业带来长盛不衰的力量。

沟通创造价值

"沟通创造价值"是张茵一直笃信的一个理念。多年的管理经验告诉她，一个员工始终保持沉默的企业并不意味着就是风平浪静、运转良好的企业，如果管理者听不到来自员工的真实声音，那么危机的种子就已悄悄埋下，一旦危机爆发，企业往往就会失去控制，并且向着更加糟糕的方向发展。因此，张茵把沟通当做是企业管理的生命线，一刻也不敢疏忽。

与员工"一对一"对话

张茵很忙，她经常把自己比作一台开足了马力的机器，只能全速运转，一刻也不能停下来。然而，不管有多忙、多累，张茵都会坚持与员工进行沟通。

玖龙纸业的摊子越铺越大，规模不断拓展，工厂、车间在全国各地开花。为了能够及时了解企业的运营情况，张茵通常会拿出半个月到二十天的时间，与玖龙纸业的中层、高层甚至是更低层次的管理者碰面，与他们进行交流、讨论。在这样的讨论会上，各级管理者畅所欲言，既可以表达自己对工作和公司的意见，也可以谈谈公司未来发展的一些问题。每到这个时候，张茵的注意力总是特别集中，她认真聆听各个层级的管理者的意见，从他们提供的信息中筛选出那些有效的、有利于企业发展的信息。

通过这样的交流，张茵虽然不经常出现在玖龙纸业的各个生产基地里，却也能够获得最新的资讯与动态，了解玖龙纸业方方面面的发展态势，为企业制定适合自己实际情况、能够起到最大促进作用的发展战略。

除了及时与这些管理者交流信息外，张茵还有一个与其他企业家有所不同的习惯——每到年底的时候，与几百名员工进行"一对一"的谈话。作为一个上市公司的老总，与员工进行这样的对话，工作量是惊人的。然而，张茵并没有因此放弃这个良好的习惯。在她看来，员工是企业利益的创造者，与他们交流，才能听到最真实的声音，了解员工的所思所想。

在"一对一"谈话时，张茵就像一个和蔼可亲的邻家大姐一样，与员工拉家常，听他们述说在玖龙纸业工作时感受到的快乐，遇到的烦恼，希望公司作出怎样的改变，希望获得什么样的福利待遇，等等。而张茵也会和员工"掏心窝子"，她会言辞诚恳地告诉员工自己在管理过程中遇到的难题，也会把自己的想法跟员工讲，问问他们有什么建议。

在轻松愉快的氛围中，员工和张茵都不由自主地开始真情流露，这个时候，张茵能够听到员工最真实的心声，而这是任何报告、会议都不能获得的。

对员工提出的建议或者意见，张茵会高度重视，在谈话结束后就立刻要求相关人员在最短的时间里调查、落实、调整、改善。员工看到自己的意见并没有被忽视，真正落到了实处，自然也受到了鼓励，下一次进行"一对一"谈话的时候就会更加敞开心扉、吐露心声。

张茵与普通员工"一对一"谈话的方式，并不是一时心血来潮，她已经坚持了十多年。即使是在成为首富之后，这种沟通方式也没有发生任何改变，依旧一如既往地进行着。这对于一个日理万机的企业家来说，是一件相当不容易的事情，然而张茵却十几年如一日地去做了。

让沟通更顺畅

如果把企业比作一个有生命的有机体，那么，沟通就如同这个有机体的血管，贯穿于企业的每一个环节，在企业发展过程中发挥着巨大的作用，不断促进着企业的良性运转，沟通的重要性由此可见一斑。然而，沟通不良却也是大部分企业都无法避免的一个通病。随着企业机构的日益复杂，沟通的难度逐渐加大，基层员工提出的很多有建设性的意见要经过层层关卡才能反馈到企业的管理层，而管理层的诸多决策在传达给员工的过程中常常失去了原貌。

意识到这一点以后，张茵就开始思考应该如何解决这个多数企业都会遇到的难题。

经过认真思索之后，张茵发现，之所以会出现这样的情况，可能是由两个原因导致的：

其一，企业缺乏一个完善的沟通机制，员工就算在工作过程中产生了什么意见，也不知道应该通过什么样的渠道去表达，或者即使说出来，这个信息也不可能传递到张茵那里。而张茵发布的信息，由于经过了各级管理者的层层传达，也常常会失去了本来的意思，使员工无法获得最本真的信息。

其二，员工认为根本就没有必要提出自己的意见或建议，认为以张茵为首的管理层根本就不会认真对待这些意见，甚至还有可能会给自己带来打击报复等糟糕的后果。消极对待的结果就是企业内部产生了更多负面影响，比如士气低落导致玖龙纸业的工作效率低下、管理中存在的问题得不到及时发现和顺利解决，等等。这些问题日积月累就会酝酿出危机，使玖龙纸业的经营风险增大。

发现了问题的症结之后，张茵就开始对症下药。她开始在玖龙纸业中建立一个顺畅的沟通渠道，加强和员工的沟通互动。

张茵在玖龙纸业内部开设了一个员工热线，当员工在工作中遇到什么困难烦恼、遭受不公平对待或者想给公司提出什么建议的时候，就可以第一时间拨打这个热线电话。员工通过这个渠道和玖龙纸业的高层管理者甚至张茵本人进行沟通，将自己的看法反馈到上层。

张茵要求各级管理人员必须对员工提出的意见和建议虚心听取，不管那些建议是否有价值。当然，对那些有价值的建议和意见要分别加以采纳和改正。这一做法不但对员工是一种莫大的激励，对企业发展也是十分有利的。即使是对那些没有价值的或者时过境迁现在看来已经失去价值的意见和建议，管理层也要进行妥善的处理，尽力给提出建议的员工以解释和安慰，避免打击他们提建议和意见的热情，以致他们以后不再开口，"闭塞"了言路。

玖龙纸业还会定期出版企业报纸，玖龙纸业的最新消息都会在上面及时发布。这份报纸会投放到玖龙纸业的工厂车间、宿舍区、食堂等员工经常聚集的地方，方便员工取阅。通过这份报纸，员工就能够及时了解玖龙纸业的最新政策和动态，增强对企业的归属感。

工会组织在玖龙纸业的内部沟通中也发挥着巨大的、不可替代的作用。工会组织会定期召开员工沟通大会，积极听取员工的意见，并把这些意见反馈给张茵或者其他高层管理者，以便他们能够及时有效地解决和改善。

许多企业管理者都非常重视与员工之间的沟通，然而因为没有用心，效果就像隔靴搔痒一样，微乎其微，无法发挥其真正的作用。张茵在与员工进行互动的时候，总是会投入自己的赤诚之心，并且把员工放在与自己同样高的位置上。

以平等为根基的交流使得员工在沟通中能够放心地袒露心声，促进了和谐关系的建立，玖龙纸业的发展也因此而有了强大的内在驱动力。

企业与员工共同成长

张茵像中国许许多多的企业家一样，心中怀有三个梦想：一是将玖龙纸业发展成为国际知名的品牌，二是跻身于世界 500 强之列，三是发展百年基业，使自己的企业长盛不衰。要想实现这三个梦想，如果没有完善而又合理的管理理念的支撑，那么，企业管理者即使再努力也无法到达成功的彼岸。

优秀的管理理念如同夜空中的星辰，多如牛毛，比如细节决定成败、责任胜于能力、无条件地执行，等等。然而，决定企业在市场上生死存亡的却只有最为关键的几个，企业与员工共同成长就是其中一个。

张茵深知，如果没有玖龙纸业的成长，就不会有员工的自我价值的实现；反之，如果员工没有迅速成长起来，那么企业也不会有长期而又持续的发展。玖龙纸业的发展是员工成长的基石，员工成长则为玖龙纸业的发展提供了源源不断的动力，只有企业与员工共同成长才能实现双赢。

从一个有趣的角度来看，企业与员工之间更像是一场婚姻。选择彼此，是双方经过慎重考虑之后作出的决定。因此，一旦结合，就要互相适应、互相磨合，千万不能"同床异梦"。从企业方面来说，要把对员工负责放在第一位。作为管理者，张茵把这一点作为自己管理的一条座右铭，她不但要让员工在企业中享受到工作的快乐，还要努力挖掘员工的潜能，帮助员工提升自己，使员工与企业一起成长。

为员工提供平等演出的舞台

管理之道，唯在用人。作为一个企业的领路人，为企业制定规章制度虽然是一件至关重要的事，但更为重要的其实是管好"人"。因为对于一个企业而言，人才是关乎其兴衰成败的决定性因素。

人才一般有两个层次的需求：第一层次是工资薪金，这能够为自己的生活提供物质基础，满足生活的基本需要。第二层次也是更高的一个层次则是施展能力的舞台。一个适合自己发展的最佳平台相对于薪酬来说，对于员工的意义更加重大。随着社会的不断发展，薪酬已经不再是员工考虑是否加入一个企业的唯一因素，为未来作好充分准备、为成功奠定良好基础、使自己获得迅速的成长，已经成为员工更为关注的问题。

在玖龙纸业，张茵一直把为员工提供平等演出的舞台作为自己的一个重要责任。玖龙纸业为每个员工、每个部门都搭建了统一的平台，为他们提供了平等竞争的机会。在这里，所有的员工都是平等的，只有职务的分工，没有位置的高低。他们所获得的机会也是公平的，只要你有能力，你就可以从一个普普通通的车间工人做到掌握企业生产大局的部门经理。

玖龙纸业给员工提供了完善的晋升体系。张茵要求管理层从员工的性格、才能等实际情况入手，帮助每个员工设计一个科学而又有发展性的职业生涯，使他们在玖龙纸业能够获得多元化的发展空间，让他们在这里尽情施展自己的才华。通过这个晋升体系，玖龙纸业的资源得到了良好的配置，把合适的人才放到了合适的位置上，实现了员工能力和职位的匹配。与此同时，员工的工作积极性也被充分调动起来，促使他们为企业发展贡献力量。

除了晋升体系，张茵还在玖龙纸业中建立了一个卓有成效的绩效考核机制。玖龙纸业的一切运营与管理都是以绩效为导向的，都是围绕绩效而展开的。员工充分认识到了绩效的重要性，在工作中也主动、积极地提高自己的效率，完善自己的工作方法，从而提高了玖龙纸业的总体管理效率。通过绩效考核机制，张茵能够迅速引导玖龙纸业对目标进行科学、有效地分解，然后将其一一落实，使玖龙纸业在最短的时间里迅速实现预期的战略目标。

在玖龙纸业的管理过程中，张茵始终坚持以"成长发展共赢"为一体的企业人才发展策略，在企业不断发展的同时，也为员工的成长提供了广阔的平台，将员工与企业紧紧地联系在一起。玖龙纸业为了帮助员工提升个人价值和总体竞争实力，采取了各种各样的措施，比如改善员工的工作和生活条件，为他们提供舒适的生活环境，积极推行以人为本的管理方法，在企业中完善沟通渠道，等等。这些措施不但提高了员工对企业的满意度，也提高了他们对企业的忠诚度。

除了为普通员工提供充分的发展空间之外，玖龙纸业对那些有能力的管理人才更是视若珍宝，鼓励他们最大限度地发挥自己的才能，创造更大的价值。张茵在玖龙纸业实行内部培养为主，外部引进为辅的策略，建立起了一个国际化的经营管理团队，这里汇聚了具有丰富造纸技术经验的行业人才和丰富管理经验的专业人才。

在玖龙纸业这个华丽的舞台上，每个员工都能尽情展现自己的舞姿，只要你有才能，就能看得到发展的机遇。每个员工都能因此而受益，每个员工都是"未来之星"。

当然，员工从中得到的不只是一个展现自己的广阔平台，还得到了四个对于每个人的成长都大有裨益的法宝——归属感、使命感、成就感和荣耀感。

归属感：对于玖龙纸业的员工来说，企业不只是自己工作的地方，更是一个温暖的大家庭，每个人都是其中的一员，而张茵就是这个大家庭的家长。他们从玖龙纸业获得的不只是足够他们养家糊口的薪水，更重要的是一份浓厚的感情，是对这个大家庭强烈的热爱。这种归属感使得他们心甘情愿地与张茵一起"打江山"，对企业的未来有充分的信心，愿意也乐于作出自己最大的贡献。

使命感：张茵的努力使得玖龙纸业形成了一个强大的"磁场"，将每位员工都牢牢地吸引住了。这个磁场还唤起了员工的使命感，使他们不再认为企业的生死存亡只是老板应该关心的事情，而是把企业的发展与未来当成是自己的一种使命。这种使命感驱使着他们关心企业的成长、认同企业的目标、分享张茵以及其他管理者的感受……他们真正参与到企业发展的每个细节中，并释放出了更大的能量。

成就感："军功章里有你的一半，也有我的一半。"张茵让员工切实地感受到，企业之所以如此兴旺发达，其中也有自己的一份功劳，他们因此也能享受到成功的喜悦。这种来自员工内心的成就感正是最有效的一种激励方式，让员工主动提升自己，为企业发展作出更大的努力。

荣耀感：员工亲眼见证了玖龙纸业从一个默默无闻的小企业发展成为业界数一数二的巨擘，他们从中获得的荣耀感是无法言说的。他们以玖龙纸业为骄傲，并且愿意为了维护这份荣耀而不断拼搏。张茵最欣慰的时刻莫过于每年召开企业大会的时候，因为当她站在台上对着员工表示感谢、讲述企业愿景的时候，她能从每位员工的眼睛里看到希望。这一点点的微光是关系玖龙纸业未来发展的命脉。

企业与员工要双赢

实现企业与员工的双赢,不但要为员工提供平等竞争的平台,而且要为他们创造学习的机会,使他们能够不断提高自己的能力和水平,充实自己,在企业中发挥自己更多的才能。

玖龙纸业为员工制订了完善的在职持续学习计划,从管理和技术两个方面来促进员工的成长,帮助他们在自己的专业领域走得更远。这个在职持续学习计划是量身定做的,对于具有不同职业资格、处在不同工作岗位、拥有不同工作经验的员工,其在职持续学习计划也有着巨大差异。这个学习计划真正考虑到了每个员工的实际情况,使其能够发挥最大的作用,为员工的持续职业发展提供有力的支持和帮助。

在企业中,几乎每个员工都需要培训,而且大多数接受培训的员工都能够从中获益。但是,由于企业预算以及投资是有一定限度的,不可能提供大量的资金、人力以及时间来进行长期的培训,因此,在培训时,张茵还注重有目的性地确定人才培训计划,根据目标的实际需求来挑选受培训的员工。玖龙纸业与中山大学联合举办了高级管理人员MBA/EMBA研修班,在企业中选拔优秀人才参加这个研修班,并把他们作为重点培养的苗子,为企业的管理层建立良好的人才储备库。对于那些在技术上拥有潜力的人才,张茵还会派他们到海外接受技术进修培训,学习世界造纸行业最为先进的技术。

对于那些新进入企业的员工,张茵也从未忽视。为了帮助他们尽快适应玖龙纸业的企业文化,张茵特别建立了一套行之有效的导师制度,帮助新员工以最快的速度适应企业的工作节奏。张茵还为他们提供全面的入职培训课程,内容涵盖企业文化、岗位专业技能以及安全操作等多个方面,让员工从进入企业的第一天就开始学习,养成不断充电的好习惯。

随着社会的不断发展,员工在对于自身的要求与期望也在发生着变化。为了获得良好的发展,越来越多的人开始重视自己的职业生涯规划。对于这个发展趋势,张茵尤为关注。虽然员工是职业生涯规划的主体,但张茵认为员工的管理者也同样需要承担起沟通、辅导和帮助员工做好职业规划的责任,从理念、制度、方法等层面对员工加以引导、保证和支持。

在玖龙纸业中,张茵通过为员工制订切实可行的发展规划,对各个岗位上的人才进行有针对性地培养,让员工看到自己在玖龙纸业中所处的位置以及未来的发展趋势,提高了他们的工作积极性,使他们获得前进的动力。通过员工职业发展规划,玖龙纸业的人力资源需求得到充分的满足,而且还创造了一个高效率的工作环境和引人、育人、留人的工作氛围。

员工个人水平和能力的提高对于公司来说,又何尝不是一个福音?在玖龙纸业马不停蹄的发展过程中,置身于其中的员工获得了不断提高自己能力的机会;而员工的不断成长也成为玖龙纸业向前发展的一大助力,使玖龙获得了快速发展的加速度。员工与企业之间的双赢,是张茵获得成功的最大秘诀。

第九章
生活艺术：平衡之美

在事业上，张茵创造了财富神话；在家庭生活中，她也依然游刃有余。她不仅性格坚韧、做事专注执著，更善于把握平衡的艺术，这不仅是她事业成功到达彼岸的基础，也是她拥有幸福家庭的一大秘密。

女首富背后的男人

如今这个时代,财富早已不是专属于男人的标签,成功的女性可谓层出不穷。然而,很多优秀的女性创业者背后都隐藏着一个辛酸苦楚的故事。对于女性创业者来说,如何平衡好事业与家庭的关系,是一道无法给出明确答案的难题。家庭和事业,就像鱼和熊掌,位于女性创业者心灵天平的两端,顾此便会失彼,很难平衡。

然而,张茵却似乎兼得了鱼和熊掌——在事业上,她的玖龙纸业发展得如火如荼,使她攀登上了财富金字塔的顶峰,傲视群雄;在家庭上,她也依然游刃有余得令人羡慕——她有一位鼎力支持她的丈夫,有一双聪明能干的儿子,她和她的家人幸福地生活在一起。

将她从茫茫人海中挖掘出来的胡润曾经说过,他在中国做的最有意义的一件事,大概就是发现了张茵这个中国第一位女首富。而张茵却说,她人生中最大的成功,就是发现并且把握住了一个好男人——丈夫刘名中。

识于微时

缘分总在不经意间来敲门。1987年,张茵在香港参加一个贸易会。在会场,她邂逅了一个温文尔雅的男人,这个男人就是刘名中。刘名中是巴西籍台湾人,毕业于名牌医科大学,当时的他已经事业有成,是一个技术精湛的医生,在香港开了很多家诊所。在闲暇时间,他还兼职做钢材贸易,精通英语、葡萄牙语等多国语言。

第一次见面,刘名中表现得十分成熟稳重,张茵顿时对这个处事稳健、做事细致的男人产生了一种莫名的好感。而刘名中也对举止大方、聪明能干的张茵产生了一丝难以察觉的情愫。

在贸易会上,张茵和刘名中互相交换了联系方式。在以后的日子,张茵翘首盼望着刘名中的电话。然而,等啊等,却始终没有等到。其实,刘名中是个内向的人,虽然对张茵怀有好感,却不知道张茵对自己有什么样的看法,也不敢打电话给她,害怕遭到张茵的拒绝。

终于有一天,刘名中鼓足勇气给张茵打了一个电话。就是这个电话把他们联系在了一起,否则,不知道这段好姻缘是否就被错过了。在这之后,两个人经常一起去吃饭,交往逐渐增多。随着互相之间的了解日益加深,二人对对方的好感越来越浓厚了。

就在这时,张茵因为坚守品质第一,拒绝往纸里掺大量的水遭到了黑社会的恐吓。黑社会不断给她打电话,要求她遵守行规,否则就会给她点儿颜色看看。然而,张茵并没有因此而畏缩,她义正词严地告诉那些黑社会:"你们的行为已经触犯了法律,如果继续这样下去,一定会受到法律的惩罚。我奉劝你们赶紧自首……"刘名中得知此事之后,非常敬佩张茵的勇气和胆识,对她的爱意进一步加深了。

在香港生活了多年的刘名中深知黑社会的可怕。那个时候,他的一颗心一直牵挂着张茵,害怕她会遭遇什么不测。他还经常托自己的朋友打探那些黑社会势力的动态,以便及时提醒张茵避开他们的威胁。然而,张茵却始终表现出了一种大无畏的精神,她还对刘名中说:"婴儿在刚刚来到这个世界的时候,就已经经历了一次危险的考验。然而,他们并不知道畏惧,因为沿着自己的目标,睁开眼睛,就会看到整个世界的光明。"

这一番颇有见地的话使得刘名中大为惊讶,仿佛重新认识了张茵,他也因此更加认定眼前这个智慧、果敢、能干的女人就是自己梦寐以求的另一半。

两个人谈恋爱以后,张茵曾经问过刘名中:"我的业务越来越大,规模也不断扩大,你能不能来帮帮我,和我一起开创事业?"经过了认真的考虑之后，刘名中放弃了自己热爱的医生职业，加入了张茵的事业中。为此，张茵常怀感恩之心，她经常说，自己能够有今天的成就，并不是自己一个人的力量，丈夫的支持和帮助是至关重要的因素。

爱在细节中芬芳

经历过生死考验的爱情，虽然值得敬仰，但现实中真正考验感情的，其实并不是那些所谓的生离死别，而是日复一日的相处，是平淡生活的一点一滴。相爱容易相处难，长久的相处才是感情修成正果的过程中最难过的一关。然而，当爱体现在每一个细节中的时候，你就会发现，爱其实是那么生动。张茵和刘名中的爱，就是在细节中愈发芬芳的。

张茵的事业心很重，有的时候为了工作连身体也顾不上。有一次，张茵和一个客户谈判，因为一些问题总是无法解决，一时着急上火，再加上几天来身体一直在连轴转，过于疲劳引发了感冒。刘名中给她打电话的时候，她忍不住打了一个喷嚏。曾经做过医生的刘名中立刻发现她生病了，在电话那头顿时又生气又心疼。5分钟后，刘名中一脸着急地闯进了张茵的办公室，拿出一盒感冒药放在她的办公桌上，要求张茵马上吃药，停止工作，好好休息。

张茵抬头看着丈夫，心里顿时涌起了一股暖流。但她担心工作不能照常进行，会对企业造成不良影响。而刘名中看着妻子病恹恹的脸，仿佛看透了她的心事，于是又对她说，自己会接下她手中的担子，而她现在的最主要任务就是——休息，休息，再休息。

原本已经十分忙碌的刘名中又紧张地投入到了张茵的工作中，替她分担解忧。最后，与客户的谈判成功了，张茵的病也痊愈了，而刘名中却病倒了。张茵握着刘名中的手，看着备受病痛折磨的丈夫，温柔地说："你不是个好医生，但是你却是最好的丈夫。"躺在病床上的刘名中体贴地把妻子揽到自己怀里，深情地说："你是最好的妻子。"

为了玖龙纸业的工作，刘名中和张茵每天都马不停蹄，忙得不亦乐乎。然而，他们却都清楚一点：两个人之所以要携起手来在如同战场一般的商场中厮杀、争夺，是为了让自己的生活过得更好、更有意义。因此，无论多么忙碌，刘名中也不会忘了给妻子制造一些小浪漫，让妻子一回到家里就能感到温暖、幸福。

有一天，刚刚结束了一天紧张工作的张茵回到家里。吃过饭后，她就坐在客厅开始冥思苦想第二天的工作安排。这时，刘名中悄悄坐到她的身边，一边唱着生日歌，一边像变戏法一样拿出一个精致的小盒子。沉思中的张茵被这个小盒子吸引了注意力，她轻轻打开，发现藏在里面的是一枚三克拉的钻石戒指，耀眼的光芒让张茵的眼中也映射出了幸福的光彩。这个时候，张茵才发现，原来今天是自己的生日，自己竟然忙得把这一天都忘了，而刘名中却牢牢记着，还用一枚戒指给了她一个惊喜。她深情地望着丈夫，心里顿时被一种幸福的感觉填满了。

张茵身为"中国第一女首富"，拥有几百亿的身家，她的生活却十分朴素，吃穿用度也不追求什么名牌。她和刘名中现在还住在玖龙纸业的一间公寓里，和员工住在一起。两个人都习惯早起晚睡，因为太忙了，来不及做饭，两个人就经常到玖龙纸业的食堂里去吃饭或者打份盒饭回到家里吃。他们的生活如此俭朴，如果你从他们身边走过，绝对想不到这对坐在食堂里吃工作餐的夫妻竟然是女首富和她的丈夫，这枚钻石戒指，是张茵为数不多的奢侈品之一，因为是刘名中送给她的生日礼物，所以张茵一直戴在手上，倍加珍惜。对于张茵来说，刘名中的心意远比这枚戒指本身的价值更为宝贵。

2008年，张茵先后遭遇了"提案门""血汗工厂""破产门"三道危机的考验，被斥责为"富人利益的代表者"、"黑心企业家"，陷入了公众舆论的漩涡之中。与此同时，关于她与丈夫刘名中离婚的传言也甚嚣尘上，流言蜚语传得沸沸扬扬。为了打破危机，张茵和刘名中一起出面召开记者会，让外界看到了他们恩爱的一面。

那段时间，张茵每天寝食难安，承受着巨大的精神压力，人也迅速消瘦了下去。刘名中看到这样的情景，内心十分苦楚，但他一直坚强地支持着张茵，告诉她要稳住阵脚，为她打气，并尽己所能帮助她平安渡过最艰难的关头。离婚的谣言在事实面前很快就化为乌有了，他们的爱在这样的考验中也更加牢固了。

作为玖龙纸业的副董事长、行政总裁，刘名中主要负责企业的内部管理。他几乎不怎么在公众场合抛头露面，只有在玖龙纸业的重大时刻——上市、发布财报或者遭遇如同"血汗工厂"一样严峻的危机时，他才会站出来，替妻子解围。他早就已经习惯了做女首富身后的男人，张茵也把他称为自己的"幕后英雄"。他的支持给了张茵无穷无尽的力量。

"夫妻档"的力量

一个男人和一个女人，做了二十多年时间的夫妻，并且始终保持相亲相爱，并不是一件易事。在二十多年的时间里，两个人不但要在生活中相处，而且要在事业上相互扶持，更是一件难上加难的事情。而两个人用二十多年的时间创造出上百亿的财富，走上财富的巅峰，其难度更是堪与登天相比。然而，张茵和刘名中却把这些困难一一踩在了脚下。

商业伙伴＋另一半

张茵最骄傲的事情，并不是自己拥有的令人艳羡的财富，也不是自己一手缔造的"纸业帝国"，而是丈夫刘名中始终坚定地站在自己身后，为自己提供坚实的支持，无论何时都不离不弃。有了丈夫做自己的后盾，张茵的创业之路走得非常踏实。

转眼间两个人已经走过了二十多个年头。在这漫长的时间里，他们既是夫妻，也是商业伙伴。虽然他们之间也曾产生过矛盾，也出现过一些分歧，但他们的感情却历久弥坚。

因此，每当人们赞叹张茵和刘名中是最完美的夫妻搭档时，张茵都会非常感慨地说，如果没有刘名中的支持和帮助，自己就不可能有今天的辉煌，她觉得自己选对了人。更让她得意的是，她还从丈夫的身上发现了他具备的经商天赋，并把他拉进玖龙纸业，让他在商业领域淋漓尽致地发挥自己的才能。

1990年对于张茵来说，是一个重要的转折点。这一年，她的事业和爱情都经历了严峻的考验。认识到香港原料的局限性之后，张茵决定舍弃这块阵地，转战美国。然而，此时摆在他们面前的却是一道两难的选择：刘名中的事业在香港，这里有他努力奋斗多年才得到的事业，如果选择去美国，那么他就不得不放弃现在已经拥有的一切，从头开始；然而，如果他不去美国，留在香港，两个人又要面对长期的分居，对于夫妻感情十分不利。

此时的刘名中就像站在十字路口上，一边是自己的事业，一边是爱情，难以抉择，无论做出怎样的取舍都会令他十分难受。最终，他内心的天平还是倒向了妻子这一边。因为，对于他来说，爱远比事业更重要。

在美国二次创业的张茵和刘名中经过了几番波折之后终于成立了美国中南公司。公司成立之初，张茵担任董事长，而刘名中的职务则是副总裁。张茵担心丈夫会因此自尊心受挫，于是就开诚布公地和他沟通，并告诉他，如果他愿意的话，可以由他来做董事长，自己心甘情愿做他的副手。

对于妻子能够提出这样的建议，刘名中十分意外，但在意外之余，他也大为感动。他深知妻子的良苦用心，但他还是婉拒了她的建议。他对张茵说:"在经商方面,你比我具有更大的才能,我们不用相互退让,只需坚持一个原则:能者居上。你做董事长是最好不过的了,我愿意做你的军师、管家,我们一起把公司经营好。"

两个人彼此袒露了心扉,互相之间更加信任了,爱意就在处处为对方着想、互相理解中逐渐加深了。

为了不辜负妻子的信任,也为了能够多给妻子分忧,刘名中开始努力学习、钻研企业管理的方法,并且学以致用,将学到的知识应用到中南公司的管理中去。在他的管理之下,中南公司的业务很快就走上了正轨,并且呈现出欣欣向荣的发展态势。

1996年,长期关注中国经济发展的张茵发现国内的高档包装纸存在一个市场盲点,大部分依赖于国外进口。这时,她的脑子里突然闪现出了一个火花:如果能够在国内建厂,专门生产高档包装纸,就会填补这个市场缺口,赢得很高的利润。但是建厂是一件十分复杂的事情,要涉及方方面面的关系。于是她向刘名中说出了自己的看法,希望征求他的意见。

实际上,在此之前,刘名中就已经发现了这一情况,并且开始进行周密的调查分析。张茵的想法与他恰好不谋而合了。他拿出自己通过调查获得的各项数据和信息,认真地向张茵分析了国内外高档包装纸市场的现状,为张茵在国内投资建厂提供了充足的依据。

听完了丈夫的分析,张茵大为吃惊,继而又欣喜若狂了起来。以前,她小心翼翼地处处维护丈夫的尊严,担心他会在自己的强势之下感到自卑。然而,现在她却发现丈夫其实远比自己想象得更加出色,他的经商潜质已经逐渐显露了出来,这令她既高兴又骄傲。

随着事业的拓展,张茵的企业逐渐遍及国内外,张茵和刘名中经常要飞来飞去,甚至需要分别赶到两个不同的地方去进行管理,两个人在一起的时间越来越少。张茵深知,夫妻之间的感情要想始终保持新鲜,就一定要多交流、多沟通,因此,两个人虽然身处异地,但却经常通过电话交流。有的时候互相通报一下两边公司的情况,有的时候会聊聊孩子、父母或者其他家长里短,有的时候又会互相关切、叮嘱对方注意身体……他们总有说不完的话,几十年了,还像当初一样恩爱。

在创业的过程中难免会遇到一些难题,两个人也经常会出现意见存在分歧的时候,如果将这种分歧带回了家,就会使家庭氛围受到破坏,夫妻感情也会因此而受到影响。因此,张茵和刘名中约好了,尽量不在家里讨论公司的事,公事在公司里解决,家庭就能够始终保持温馨的氛围。

张茵和刘名中的生活目标和理想一直保持同步,所以,整个家庭一直紧密地团结在一起。在经历过商场的风风雨雨和惊涛骇浪后,张茵和刘名中早就已经建立了一种"商业伙伴+另一半"的非同寻常的关系,二人在彼此心目中的地位是别人难以取代的,两个人的感情也因此变得牢不可破。

夫妻档书写商场佳话

在诸多企业类型中,像张茵和刘名中这样夫妻创业的虽然不多,但相对而言却是一种最佳模式。夫妻档类型的企业能够保证创业合伙人的平等,也能有效避免由于各种各样的原因比如利益分配不均而造成的权力争夺,更有利于企业的健康、长远发展。

在中国,除了张茵和刘名中这对商界伉俪之外,还有一些夫妻档企业,他们用真情、默契写出了一段段商场佳话。这其中,既有优势互补、共同创业的双剑合璧型夫妻档,比如在中国复制亚马逊网上书店模式、共同创立当当网的李国庆和俞渝。他们一个拥有图书出版业的丰富经验,擅长内部运营事务,另一个则在资本运作方面具有突出优势,对财务以及行政人事管理轻车熟路,可谓琴瑟和鸣。也有传统的夫唱妇随型夫妻档——丈夫为主导,妻子充当着贤内助的作用。李彦宏与马东敏就是一个例子。是马东敏的睿智促使李彦宏走上创业道路,也是马东敏无怨无悔地付出使李彦宏在经营百度的过程中能够没有后顾无忧。李彦宏曾经多次说过，妻子马东敏就是百度的第一推动力。

除此之外，还有替补型的夫妻档，当一方由于一些突如其来的意外或者变故而无法对企业进行管理时，另一方显然就是最适合的"替补队员"。最为突出的一对夫妻莫过于黄光裕和杜鹃。在国美控股权之争中，由于黄光裕身陷囹圄，杜鹃就接过了接力棒，成为他的代言人，为争夺国美控股权而奔波忙碌。

从这些企业家身上，我们就能够看到夫妻档的力量。如今的市场环境跌宕起伏，危机会毫无征兆地袭来，即使是曾经在市场上叱咤一时的巨鳄企业也难免会出现易主现象，甚至在商场上瞬间销声匿迹，而那些形形色色的小公司更是无时无刻不面临着拆伙分家的尴尬局面。只有夫妻档能始终坚持如一、情深弥坚，书写一个又一个令人艳羡不已的商场佳话。

教育好孩子胜过身价千万

对于女性创业者来说，为了事业所付出的代价远远高于男性。除了把自己的事业经营得风生水起之外，女性创业者还要把大量的时间和精力投入到对婚姻与家庭的经营当中，不但要努力维系自己与丈夫之间的关系，还要承担培养、教育子女的责任。在教育子女方面，张茵不敢有一刻掉以轻心，她始终认为，教育好孩子胜过身价千万。

财富的耀眼光芒无法掩饰住张茵的母性光辉，提起自己的儿子，张茵的眼神中就闪耀着不一样的柔情。张茵有两个儿子，由于一直忙于事业，她不能像其他母亲一样每天与孩子们在一起，对他们耳提面命、谆谆教诲。然而，张茵为儿子付出的心血却并不比世界上任何一个母亲少。

像经营公司一样教育孩子

在瞬息万变的商场上,张茵以果断执著、雷厉风行著称,堪称是女强人的典范。然而,每每谈到自己儿子的时候,这位"铁娘子"总是会不由自主地流露出一丝柔情。张茵的两个儿子,一个出生于1982年(张茵与前夫所生),是80后;一个出生于1992年,是90后。张茵与两个儿子之间,如同其他家庭一样,也存在"代沟",也经常出现意见不一致的情况,然而,张茵总是能够用自己的"张氏太极拳"轻松化解。

令张茵无比自豪的是,自己的两个儿子都很优秀。大儿子刘晋嵩已经在美国完成学业,并且取得了不错的成绩,回到国内后他加入了玖龙纸业,金融危机为他提供了最好的实习机会。凭借着自己的出色表现,刘晋嵩顺利过关,赢得了张茵的赞许。如今的刘晋嵩已经成为玖龙纸业的执行董事,参与到玖龙纸业的管理中,与自己的母亲在商场上并肩作战。小儿子也向哥哥看齐,在求学的道路上一直表现十分出色,张茵因此大感欣慰。

整日为了事业奔波忙碌,陪伴在儿子身边的时间难免被挤占。为此,张茵总是觉得自己对他们有所亏欠。1982年,张茵刚刚生下大儿子刘晋嵩时,为了工作,她不得不离开儿子,重返自己的岗位。而小儿子出生的时候,更是她事业发展的关键时期。当时张茵发现自己怀孕了以后,脑子里蹦出的第一个想法竟然是流产。那时,张茵刚刚来到美国,事业还没有起步,每天都要花费大量的时间来拓展中南公司的业务,根本无暇照顾孩子。因此,张茵虽然有万般不舍,在现实的逼迫之下也只能选择打掉肚子里的这个孩子。

然而,巧合的是,就在约好去流产的前一天晚上,张茵梦到了一个粉雕玉琢的小男孩,他笑嘻嘻地向她跑来,蹦蹦跳跳得十分可爱,一边跑还一边喊着"妈妈"。醒来之后,张茵心痛不已。她想,这是自己的亲生骨肉,怎么能够就这么将他放弃呢?丈夫也说,这是上天赐给他们的礼物,一定要把他生下来,照顾他、爱他。

因为这个梦,张茵的生命里才有了另一个小天使。小儿子刚出生的时候很瘦弱,只有不到2.5千克,蜷缩成一团令人心疼。看到儿子乖巧地躺在床上,张茵忍不住自责了起来:"要不是怀孕的这段时间自己为了生意到处跑,饮食也不规律,营养跟不上,儿子怎么会比别的孩子小一圈呢?"张茵为此难过了很长时间。

然而,小儿子刚刚出生一个月了,为了事业,张茵又要离开他去出差了。当时,她的事业刚刚步入正轨,稍有疏忽就会前功尽弃。张茵一直把自己的事业当成另一个孩子,为了不让这个"孩子"胎死腹中,她只能忍痛踏上了出差的行程。一直到张茵坐在飞机上的时候,她还在掉眼泪。

一想起这些,张茵对儿子的愧疚感就会油然而生。作为补偿,张茵每天都在提醒自己要用正确的方法教育孩子。

小儿子初中毕业的时候,张茵为了培养他的交际能力,鼓励他趁这个机会在家里举办一个庆祝会。当时小儿子班里有一个同学十分霸道,经常欺负性格温和的小儿子,因此小儿子对这个同学十分讨厌,不想请他来参加庆祝会。

张茵得知了这件事以后,就告诉儿子,这次庆祝会上必须要请的一个人就是那个同学。张茵教育儿子要学会大度、宽容,用这种方式来感动他,以德报怨、化敌为友。张茵还告诉儿子做人一定不要记仇,否则既会影响与他人的关系,自己也不可能获得真正的快乐。

当时张茵要去外地出差,为了使小儿子认识到宽容的意义,她连续三天打电话给他,与他沟通。在张茵的劝导之下,小儿子经过认真考虑,最终还是听从了张茵的建议,把这个同学请到了自己的庆祝会上。那个爱欺负人的同学收到邀请通知的时候,十分惊讶,同时也为自己感到羞愧。两个孩子心里的疙瘩就这样解开了,后来,他们还成了关系特别铁的好朋友。

像经营公司一样教育孩子，是张茵自始至终坚持的一个教育理念。在教育孩子的时候，张茵总是会采取易于让孩子接受的方式来使他们认同家长的意见，但同时，张茵又充分尊重他们，把他们当成成年人一样看待。既然能够把玖龙纸业发展成为国内造纸业的领路先锋，张茵也有信心把自己的孩子培养成能够为社会创造价值的人才。

作为企业家，张茵要把大量的时间和精力投入到自己的企业中，因此，和孩子们在一起的时间并不多。但是张茵总会抓住任何一个与儿子交流的机会，及时了解他们的思想动态，为他们解决成长过程中遇到的难题和烦恼。不管自己的工作有多忙，张茵总是会抽出一些时间与孩子们聊天，即使是在出差的时候，也会打电话与他们沟通。

在张茵家里，有一个很有趣的规定：每个月都要举行一次家庭会议，家里的每个人都要积极参加。在这个家庭会议上，一家人围桌而坐，各自说说自己最近的喜怒哀乐，互相沟通、互相了解。这个时候，不管是张茵，还是儿子们，都会感受到家庭的温馨氛围。

用言行举止为儿子树立榜样

张茵深知，对于孩子们而言，父母是对他们最有影响力的行为模范。"榜样的力量是无穷的"，这句话同样适用于父母对子女的影响。孩子最初的行为往往是从父母那里学来的，在孩子的成长过程中，父母是他们最初、也是最重要的行动指向者。因此，张茵总是处处注意自己的言行举止，希望给儿子们树立一个良好的榜样。

张茵曾经给大儿子讲起自己小时候步行十几千米，翻山越岭去上学的故事，然而，从小在富足的生活中长大的儿子并不能体会其中的辛苦。于是，为了让他切身了解生活的艰辛，张茵安排他在暑假期间到自己的工厂实习，并把他送到贫困山区去体验生活。在社会这个最真实的课堂上，大儿子亲眼目睹了那些边远山区的孩子是如何在物质条件极其匮乏的情况下依然坚持学习的。结束了这段为期不短的"实习"生活之后，大儿子对于生活有了全新的看法，一下子变得成熟起来。

他还把自己拍的一些照片拿出来给母亲看，并为母亲讲述照片里的故事。其中有一个小女孩，因为家里生活拮据，交不起学费，不能和其他孩子一样到学校里读书。于是，她就每天悄悄趴在教室的窗户外面，听教室里老师传授知识。大儿子一边讲着故事，一边为这个小女孩的不幸而哭了起来。

看到此情此景，张茵知道自己的教育目的已经达到了，于是她决定趁热打铁，给大儿子讲了自己亲身听到的一件事情：有一个聪明的孩子经过多年苦读，被一所名牌大学录取了，但他来自山区，家里穷困潦倒，收入微薄，根本拿不出将近一万块钱的学费。因此，为了不给家里增添负担，这个懂事的孩子忍痛撕掉了自己的录取通知书。他的爸爸觉得对不起自己的儿子，也对家里贫困的现状绝望了，一时想不开就服毒自杀了。他妈妈也想追随自己的丈夫而去，然而，她放不下自己的儿子，为了儿子，她坚强地活了下去。后来，这位母亲离开了自己的家乡，来到城市打工，为儿子挣学费，希望能够圆他的大学梦。由于玖龙纸业每年都会从那些贫困边远的地区挑选一些上不起学的孩子，帮助他们走进大学校门。所以，这个孩子也得到了玖龙纸业的扶助，成为了一名大学生，并顺利完成了学业。他的母亲十分感激张茵，特意来到玖龙纸业在东莞的工厂，想当面向张茵这位大恩人道谢。然而当时张茵在外地，公务缠身，无法赶回来，这位母亲只好回家了。走的时候，她跪着向玖龙纸业的大门不断地磕头，当时在场的人都留下了心酸而又宽慰的泪水。

大儿子听了这个真实的故事，心里十分难过，他暗暗下定决心，以后一定要像母亲一样多做好事，帮助别人。榜样的力量就这样发挥了神奇的作用。

培养"富二代"接班人

每个企业家都希望看到自己打下的"江山"能够得到成功的传承，对于像张茵这样的家族企业掌舵者而言，基业长青是他们一心追求的目标。然而，接班问题的现状却并不乐观。美国布鲁克林家族企业学院的研究结果显示，约有70%的家族企业未能传到下一代，88%未能传到第3代，只有3%的家族企业在第4代以后还在经营。

在中国，有句古话"富不过三代"。这句话经常用来形容国内外诸多家族企业的短暂生命周期——第一代历尽千辛万苦创业，第二代坐享其成守业，而第三代则挥金如土败业。"富不过三代"已经成为中国家族企业的一个难以破解的魔咒。

有人曾经戏称："中国的企业家们目前的工作主要有三个，一是兢兢业业发展自己的企业，二是和政府搞好关系，三是教育自己的下一代，让他们能够顺利接班。即使是尚处于年富力强时期的富豪们，也开始将培养接班人提上了自己的议事日程，张茵也不例外。如同大多数企业家一样，她也希望自己的儿子将来能够继承自己的事业，并且能够领导玖龙纸业再创辉煌。

张茵的大儿子刘晋嵩出生于1982年，毕业于美国加州大学戴维斯分校，并以优异的成绩获得了经济学学士学位。2006年2月，玖龙纸业在香港上市的时候，刘晋嵩才24岁，张茵却作出了一个令人震惊的决定——让儿子进董事局，担任独立非执行董事一职。

张茵的这个决定在玖龙纸业内外引起了广泛的质疑。让一个年仅24岁，且没有任何管理经验的年轻人做一家上市公司的董事，这样的决定是否显得有些不妥？当时的刘晋嵩还在哥伦比亚大学攻读工业工程硕士学位，尚未毕业，这样的资历难免会令人怀疑其是否能胜任独立非执行董事这一重要职务。

然而张茵却再一次表现出了自己的坚持，这种坚持来自于对自己儿子所具备的能力的信心。刘晋嵩很小的时候，张茵就开始培养他对造纸的兴趣。她经常带着儿子来玖龙纸业，让他现场观察纸的制造过程，并用通俗易懂的语言向他认真讲解公司的运营模式，这使得刘晋嵩从小就对这一行产生了浓厚的兴趣。儿子长大以后，张茵经常安排他利用暑假或者寒假的时间到工厂实习，与造纸业进行"亲密接触"。

作为母亲，张茵是开明的，她不会强迫儿子来接自己的班，如果儿子对造纸业的确不感兴趣，她会尊重儿子的意愿，并鼓励他在自己的兴趣领域开创一片天地。当看到儿子对在玖龙纸业发展产生了强烈意愿的时候，张茵十分欣慰，心里的一块大石头总算落了地。

除了培养儿子对造纸的兴趣之外，张茵还特别重视儿子的素质教育。在刘晋嵩很小的时候，张茵就开始为他树立目标，培养他的独立性和责任感。玖龙纸业要做的是百年基业，而这些，都是使玖龙纸业能够长期发展的不可或缺的因素。柏拉图就曾说：给你的孩子留下名望胜过给他们金钱。

在张茵的精心培养之下，刘晋嵩虽然年纪轻轻，却有着超出同龄人的成熟，他为人热忱、平和，具有亲和力，每到一个集体之中，都会受到人们的欢迎；他具有十分强烈的社会责任感，这一点与如今媒体镜头中的那些"富二代"们有着根本的不同；他处事果断，经常会有一些与众不同的看法。几年前，玖龙纸业发展电子办公化的时候出现了一些问题，刘晋嵩发现了这些问题之后就给相关负责人提出了十分中肯的意见，在这时，他表现出了对玖龙纸业的极大热情。

然而，刘晋嵩在资历方面的不足也是不争的事实。张茵知道社会经验的匮乏是儿子最大的"短板"，加入玖龙纸业的管理层对于他来说正是一个良好的锻炼机会。在这里，他能够通过不断学习获得迅速的成长。这对于刘晋嵩和玖龙纸业来说是二者都实现了双赢。

除了让儿子担任独立非执行董事之外，根据玖龙纸业在香港上市前制订的一项购股权计划，刘晋嵩还能够拥有300万股玖龙纸业的购股权。这意味着刘晋嵩的身家一下子飙升到了3000万元港币。张茵相信自己的儿子不是个"败家子"，他具有足够的能力妥善处理好自己的财富，并且能够用这笔财富创造出更大的价值。

按照玖龙纸业的工资体系，担任独立非执行董事一职，每年将会获得高达几十万元的薪金。然而，读过2006年玖龙纸业年报的人们却意外地发现，刘晋嵩并没有因此获得不菲的收入，他在玖龙纸业只是一个"义工"，这是张茵的另一个妙招。她希望通过这样的安排，告诉儿子管理一家企业是一件多么艰难的事情，每一分钱都不能够不劳而获，必须通过辛苦的劳动才能获得。要想赢得财富，就一定要付出相应的努力，谁都不能坐享其成。

刘晋嵩果然没有辜负张茵的期望。在玖龙纸业担任独立非执行董事期间，他充分发挥了自己的才能。由于他总体表现平稳，也有出彩之处，因此赢得了张茵和其他高层管理者的一致肯定，很快就晋升为玖龙纸业的执行董事。

新希望集团的创始人刘永好曾经为女儿制定了这样一个原则：30岁之前不能接受媒体的采访。张茵在这方面的举措与他如出一辙。在刘晋嵩加入玖龙纸业之后，张茵与他约法三章，其中最重要的一条就是：保持低调，尽量避开传媒。

2009年11月底，"第七期华裔新生代企业家中国经济高级研修班"开始公开招募学员。这个研修班是由国务院侨办、中国海外交流协会主办，广东省侨办和暨南大学承办的，目的是为企业家子女提供学习的机会。张茵认为这是一个不可多得的好机会，于是就为刘晋嵩报了名。然而，即使是在这样的活动上，刘晋嵩也没有过多地将自己暴露在镁光灯下。

对于像张茵这样有两个接班人的家族企业来说，明确接班人的时候，将会遇到一个巨大挑战，那就是如何平衡好家庭、企业与财富之间的关系。一个企业只能有一个接班人，让谁来承担这个责任，享受这份荣耀，这令许多企业家头疼不已。在历史上，因为兄弟争权而导致企业走向衰落之路的例子并不少见，这些足以作为企业家的前车之鉴。

对于家族企业来说，血缘、忠诚与关爱是维护家族成员感情的重要纽带。因此，在"富二代"接班的过程中，应该尽可能地对所有家庭成员平等对待，厚此薄彼是大忌。然而，企业发展要追求利益最大化，因此，为了使企业在经营道路上走得更远，企业家又需要选择具有管理和领导才能的下一代来接过自己手中的权杖。王安公司就是一个因为任用了平庸的儿子而导致企业经营不善的例子。王安公司曾经是一个能够堪与微软匹敌的公司。1986年11月，王安任命自己的儿子王烈为公司的总裁，因为王安认为"虎父无犬子"。然而，实际上，王烈在主管研发部门的时候就已经表现出了自己在管理方面的缺陷，他宣布要推出的产品没有一项真正实现。他对公司业务缺乏了解，而且刚愎自用。因此，王安的这一任命遭到了众多董事和部属的一致反对。董事们十分失望，许多公司元老因此离开了公司，这一变故使王安公司受到了沉重的打击。王烈上任之后仅一年的时间，王安公司的财务状况就出现恶化，甚至发生亏损。王安公司不但逐渐失去市场，还渐渐失去了客户的信任，从此开始走向衰落。

对于这种情况，张茵自有考量。她曾经说过，如果儿子的能力不足，就不会让其接班。她不允许自己辛苦创造的"纸业帝国"毁于一旦，宁肯选择其他更有能力的人来管理企业。在"富二代"接班这个问题上，张茵始终保持着清醒的头脑。

怎样才能使自己创造的基业绵延数代而不息？这不仅是张茵，也是国内外诸多企业家都在苦苦思考的一个问题。其实答案是很简单的，只有将自己的下一代培养成为勇敢负责、善于规划、具有良好执行力的人，才能保证家族财富得到成功的传承。

后记

如同大多数人一样，我对张茵的关注是从 2006 年的胡润百富榜开始的。这一年张茵以 270 亿的身价击败众多男性对手，登顶胡润百富榜，成为榜上第一位女首富，颠覆了中国的财富格局。对于张茵来说，2006 年是一个黄金年代。她的事业版图从东部沿海延伸到了大西南；她成功在香港上市掀起股市风云变幻；她出人意料地摘取了"中国首富"桂冠……这个原本默默无闻的女企业家一下子获得了世人的极大关注，媒体的镁光灯也纷纷聚焦在她身上。

为什么是她？

每个人的脑海里几乎都会萦绕着这样一个问题。而这，正是我写作此书的一个出发点。是的，在张茵的身上有着太多的难解之谜：一个此前名不见经传的女人为什么能够一举打败连续两届蝉联榜首的国美掌门人黄光裕？为什么是她改写了男性称雄的中国财富格局？为什么她能够成为"世界上白手起家的女性中挣钱最多的"？她是怎样凭借"收废纸"成为中国首富的？……正是为了解开这些难解之谜，我开始了艰难的探索过程。

在探索与写作的过程中，我渐渐发现：张茵的创业历程正是中国第一代民营企业家的成长缩影——他们借助改革开放的东风白手起家，在摸爬滚打中尝遍了人世间的酸甜苦辣，经历了无数大风大浪的考验，终于完成了资本的原始积累；他们挥斥方遒、笑傲江湖、主宰市场沉浮，也曾因时代环境的迅疾变化而感到彷徨、迷茫；他们经历过灿烂到极致的辉煌，也曾在失意的时候独自舔舐伤口；他们还将面对共同的挑战——如何让富二代顺利接班……时势造就了他们，又放逐了他们，让他们在时代的跌宕与社会的变迁中去涅槃，要么浴火重生，要么被淘汰出局。

作为这个群体中的一员，张茵是幸运的。她经受住了一次又一次的考验，熬过了最艰难的时刻，最终成为在市场上称雄的胜利者。

当然，张茵的最可贵之处在于，她以自己的奋斗与拼搏为女性创业提供了一个成功蓝本。这朵在逆境中绽放的铿锵玫瑰，用自己的经历向这个世界证明：女性不是弱者的代名词，同样也能创造财富。女性创业已经成为了一种不可阻挡的历史潮流，在承担着社会要求女性必须承担的传统角色的同时，女性也能够实现自己的梦想，建立属于自己的事业。

我们都是张茵巅峰时刻的见证者。然而"巅峰"这个词听起来虽然辉煌无比，却总带着一股悲凉的意味。因为巅峰之后，往往是急转直下的坠落。对于张茵来说，也不例外。"提案门"、"血汗工厂"、"破产门"；金融危机爆发、行业转型期到来……张茵在激流中挣扎着。

张茵是否能够再次成功过关？

我想，看完此书之后，你已经得到了答案。

附录：张茵创业编年表

1985 年

张茵辞职闯荡香港，在香港以废纸回收贸易为起点开始创业。

1988 年

张茵在广东东莞成立了一个独资工厂——东莞中南纸业有限公司。

1990 年

张茵和丈夫刘名中一起移居美国，在洛杉矶创建了美国中南有限公司（America Chung Nam），开始了二次创业。

1996 年

在全美各行业集装箱出口用量排行榜上，中南公司名列第四。张茵在东莞投资建立了玖龙纸业有限公司。

1997 年

被美国权威机构评选为妇女企业 500 强之一，位居第九十五位。

1999 年

对玖龙纸业继续注资 1.1 亿美元，进行二期工程扩建。

2002 年

张茵北上江苏太仓建成第二个生产基地。

2003 年

胡润百富榜发现了张茵，将其评为当年百富榜第十七名，财富为 25 亿。

2006 年

触角延伸到大西南，投资兴建重庆生产基地。同年，玖龙纸业在香港上市，张茵因此被胡润百富榜评为首富，身家270亿元。

2008 年

拓展国外经营，建成越南生产基地。

2009 年

再度北上，天津生产基地投产。第一期"胡润低碳富豪榜"发布，张茵夺得了榜首桂冠，以总资产330亿元获得了"中国低碳女王"的称号。

2010 年

第二期"胡润低碳富豪榜"出炉，张茵以350亿元的财富蝉联"低碳首富"。

2011 年

被英国《金融时报》评为"2011年全球商界女性50强"。同年，被《经理人》杂志评为"2011年度影响中国管理实践十大人物"。

参考书目

(1) 东方愚. 他们比你更焦虑：中国富豪们的隐秘忧伤 [M]. 浙江：浙江大学出版社, 2010.

(2) 孔大为. 中国首富沉浮录 [M]. 上海：上海财经大学出版社, 2011.

(3) 何春梅. 中国女首富张茵 [M]. 北京：中央编译出版社, 2009.

(4) 严雪芹, 陈晓栋. 全球最有影响力的女富豪 [M]。北京：中国商业出版社, 2009.

(5) 余胜海. 草莽生长：十大首富的创富之道 [M]. 浙江：浙江大学出版社, 2010.

(6) 胡润, 东方愚. 胡润百富榜：中国富豪这十年 [M]. 北京：中信出版社, 2008.

(7) 张小平. 首富隆起：揭底中国顶尖财智阶层的生存怪圈 [M]. 北京：中国商业出版社, 2009.

(8) 李阳春. 跨越财富天险：企业家生存风险管理之道 [M]. 广州：羊城晚报出版社, 2008.

(9) 唐建光. 首富沉思录 [M]. 北京：金城出版社, 2011.

(10) 周加富. 首富法则：下一个比尔·盖茨的10堂必修课 [M]. 北京：中国致公出版社, 2009.